N°10

EVOLUTION

SZENARIEN FÜR DEN MENSCHEN DER ZUKUNFT

—

*Mit Beiträgen von Thomas Junker, Bruce Sterling,
Gerhard Roth und Gottfried Schatz*

Bildstrecke von Chris Scarborough

*Herausgegeben von W.I.R.E., dem Think Tank
der Bank Sarasin & Cie AG und des Collegium Helveticum
von ETH und Universität Zürich*

HASTA LA VISTA, BABY!

Von Simone Achermann

Die Sequenz hat Filmgeschichte geschrieben: Arnold Schwarzenegger rettet als Terminator die Menschheit vor der Machtübernahme der Maschinen, indem er seinen stählernen Widersacher T-1000 mit einer Gewehrsalve pulverisiert. Sie steht sinnbildlich für die dominante Vorstellung der Zukunft des Menschen in einer hochtechnisierten Welt, in der die Gesetze der Natur teilweise oder ganz überwunden wurden. Ein Szenario, das zugleich Angst wie Hoffnung macht. Zum einen befürchten wir, von der Technik als fremder Macht abgelöst zu werden. Zum andern soll sie uns zu noch leistungsfähigeren, intelligenteren und attraktiveren Menschen machen – solche, die dem Lauf der Evolution nicht mehr hilflos ausgeliefert sind.

Angesichts des raschen technologischen und medizinischen Fortschritts spricht vieles dafür, dass wir die harten Selektionsprinzipien auch in der realen Welt ein Stück weit ausgeschaltet haben. Evolution beruht auf der kontinuierlichen Anpassung eines Organismus an sich verändernde Umstände. Die Prinzipien dafür sind das Erzeugen einer möglichst grossen Vielfalt und die natürliche Selektion. Der «Fitteste», das heisst der Bestangepasste, überlebt und kann seine Gene an Nachkommen weitergeben. Nun hat sich aber unsere soziale und ökonomische Umwelt in den letzten 200 Jahren massiv verändert. Die Welt ist heute für den Menschen so sicher wie nie zuvor. Fressfeinde kennen wir nicht mehr, der Hunger ist in weiten Teilen der Welt gestillt. Hitze wie Kälte können uns im Zeitalter von Heizungen und Klimaanlagen nichts mehr anhaben. Und der medizinische Fortschritt ermöglicht es, dass fast jeder – unabhängig von seiner genetischen Veranlagung – potenziell 90 Jahre oder älter werden kann. Bis zu einem gewissen Grad, so scheint es, sind wir Herren über unser Schicksal geworden. Doch lassen sich die Grundprinzipien des Lebens mit ein paar technischen Tricks aushebeln? Werden wir unsere Zukunft selbst in die Hand nehmen können? Oder inwiefern wirken die Kräfte, die Charles Darwin 1859 in seinem Werk «Über die Entstehung der Arten» beschrieben hat, noch immer auf unsere Spezies?

Eines steht fest: Das Streben nach einem risikofreien, bequemen Leben hat ungewollte Nebeneffekte. Zwar haben wir unsere natürlichen Feinde weitgehend ausgeschaltet, doch könnten diese bald durch neue, selbstgeschaffene Bedrohungen ersetzt werden: Mit dem steigenden Wohlstand, der Klimaerwärmung wie auch dem technischen Fortschritt sehen wir uns einem Lebensumfeld gegenüber, dessen schnellem Wandel der Mechanismus der Evolution weit hinterherhinkt. So führt das Überangebot an Nahrung etwa zu rasant steigenden Diabetes-Typ-II-Erkrankungen, weil wir noch immer darauf programmiert sind, über den Hunger hinaus zu essen, um in Zeiten des Mangels von den angelegten Polstern zehren zu können. Auch besteht die Gefahr, dass durch die menschlichen Eingriffe in die natürliche Selektion eine Art «Antiselektion» stattfindet. Gene, die ein hohes Risiko für Krankheiten aufweisen, überleben heute; die Kindersterblichkeit ist vielerorts praktisch gleich null. Schaffen wir so gar eine Spezies, die nur noch mit technischen Hilfsmitteln überleben kann?

Inwiefern der Mensch seine Weiterentwicklung steuern kann – und auch soll –, an dieser Frage scheiden sich die Geister seit jeher. Das Aufkommen der Evolutionstheorie hat im 19. Jahrhundert zu einer der grössten Kränkungen des Menschen und seinen Überzeugungen geführt. Den Gottesgläubigen hat sie den Glauben an die göttliche Schöpfung genommen, den Nichtgläubigen den an die Macht und Selbstbestimmung des Individuums. Die Entschlüsselung der DNA hat diese Verunsicherung noch verstärkt und uns ein Stück weit zu Sklaven unserer Gene gemacht. Allerdings sprechen neueste Erkenntnisse der Epigenetik dafür, dass nicht nur unsere Gene, sondern auch unser Verhalten Einfluss auf unser Wesen haben – und vielleicht dadurch auch auf unsere weitere Entwicklung. Trinkt eine Frau beispielsweise viel Alkohol, so hinterlässt dies Spuren in ihrer DNA, die, so nimmt man an, wiederum auf ihre Kinder übertragen werden können.

Wie stark sind wir den Gesetzen der Evolution heute also noch unterworfen? Entstehen durch die veränderten Umweltbedingungen neue Selektionskriterien? Wer ist morgen der «Fitteste»? Und wie sieht folglich der Mensch der Zukunft aus? Bleiben wir im Wesentlichen gleich wie heute, werden wir alle zu Cyborgs oder mutieren wir infolge mangelnder Bewegung gar zu kleinen dicken Menschen, die das Gehen verlernt haben? Und inwieweit können und sollen wir unsere weitere Entwicklung beeinflussen?

ABSTRAKT macht sich auf die Suche nach Antworten. Der Biochemiker Gottfried Schatz ist überzeugt, dass die natürliche Selektion immer stärker ist als wir – egal, was wir dagegen unternehmen. So werden Frauen dem Schlankheitsideal zum Trotz in Zukunft dicker werden, weil Fruchtbarkeit auch heute ein evolutionärer Vorteil ist. Der

Evolutionsbiologe Thomas Junker glaubt hingegen, dass die Überwindung der Evolution durch künstliche Genmutationen zwar ethisch bedenklich, aber technisch durchaus möglich ist. Gerd Folkers, Leiter des Collegium Helveticum, ist der Meinung, dass Sex auch im Zeitalter der künstlichen Fortpflanzung zwingend bleibt für unsere weitere Existenz. Denn nur die Kreuzung von Genen sorge für die Vielfalt, die den Menschen so einzigartig macht. Gemäss dem Science-Fiction-Autor Bruce Sterling werden wir bald schon Mikroben züchten, mit denen wir zu menschlichen Superwesen werden. Die «Fittesten», sagt er, werden aber in Zukunft dennoch die sein, die sich morgens überhaupt noch aus dem Bett quälen mögen. Die Wired-Journalistin Liat Clark schreibt über die Chancen und Risiken der Cyborgisierung, die sich ihrer Meinung nach nur dann durchsetzt, wenn wir unsere Urangst vor dem Fremden überwinden können. Und der Neurologe Gerhard Roth erklärt, warum das menschliche Hirn so unglaubliche Fähigkeiten besitzt. Und was wir tun müssen, um es unsterblich zu machen.

Viel Vergnügen bei der Lektüre wünschen
Simone Achermann, Stephan Sigrist, Burkhard Varnholt
und Gerd Folkers

EVOLUTION

ESSAYS & GESPRÄCHE

14 BIOLOGIE

Zur Zukunft des Menschen | *Von Thomas Junker*

24 BIOLOGIE

Die Natur bleibt stärker als wir | *Gespräch mit Gottfried Schatz*

36 TECHNOLOGIE

Wir Cyborgs | *Von Liat Clark*

48 NEUROLOGIE

Das unsterbliche Gehirn | *Gespräch mit Gerhard Roth*

58 KULTUR

Der kochende Affe | *Von Michèle Wannaz*

68 GESELLSCHAFT

Auf zum Mikrobenmenschen | *Gespräch mit Bruce Sterling*

78 PHILOSOPHIE

Von Sex, Individualität und Tod | *Von Gerd Folkers*

90

Evolutionskultur

94

Metamap

104

DER ANALOGE BLOG

IDEEN, FAKTEN & FIKTIONEN

Mit Geschichten über Finanzmarktökologie, sprechende Handschuhe
und den Fahrstuhl zum Mond

168

W.I.R.E.

DIE MUTANTIN

Die Kreuzung mit artfremder DNA ermöglicht wahres Multitasking. Um den wachsenden Anforderungen an Flexibilität und Effizienz gerecht zu werden, erlaubt genetisches Enhancement mit autonomen, intelligenten Armen das gleichzeitige Erledigen von mehreren Aufgaben, von Kinderbetreuung bis Projektmanagement.

ZUR ZUKUNFT DES MENSCHEN

Früher waren wir dem Lauf der Evolution hilflos ausgeliefert. Heute ist es theoretisch möglich, die Entwicklung des Menschen mit Hilfe der Genetik zu beschleunigen und in die gewünschte Richtung zu lenken. Trotzdem sollten wir weiterhin auf die natürliche Auslese vertrauen, wie zum Beispiel die Partnerwahl – auch wenn dadurch nicht immer die Besten gewinnen.

Von Thomas Junker

Warum ist es so schwierig, sichere Aussagen über die biologische Zukunft der Menschen zu machen? Hunderttausende oder wenige Millionen Jahre sind aus evolutionärer Perspektive kein sehr langer Zeitraum. Die vor einer solchen Zeitspanne lebenden Vorfahren heutiger Pferde, Elefanten oder Menschen sahen zwar anders, aber nicht völlig anders aus, und es gibt deutlich erkennbare Kontinuitäten und Ähnlichkeiten. Entsprechendes gilt auch für die grundlegenden Mechanismen des evolutionären Wandels: Veränderungen der Umwelt, Modifikationen des Erbmaterials und die Konkurrenz der Individuen um Lebens- und Fortpflanzungschancen gibt es nach wie vor.

Insofern könnte man argumentieren, dass die Menschen der Zukunft uns mit grosser Wahrscheinlichkeit ähnlich sein werden. Dieser These müsste man zustimmen, wenn die Evolution der Menschen wie in der Vergangenheit durch einen ungeplanten Naturprozess vorangetrieben wird. Dies ist aber nur noch teilweise der Fall, denn es gibt einen Faktor, der die biologische Zukunft der Menschen und vieler domestizierter Tiere und Pflanzen unberechenbar macht: die Möglichkeit, die in der Vererbung weitergegebenen Gene durch technische Manipulation gezielt, tiefgreifend und schneller zu verändern, als dies in der natürlichen Evolution geschieht, und so ihre biologische Natur tiefgreifend umzuwandeln.

GEZIELTER EINGRIFF INS ERBGUT

Bisher beruhte der evolutionäre Wandel auf genetischen Veränderungen, die zufällig, das heisst ohne Rücksicht auf die Bedürfnisse der Lebewesen, erfolgten. Und die Umgestaltungen fielen in der Regel vergleichsweise moderat aus. Denn die Wahrscheinlichkeit, dass grössere Veränderungen auf Anhieb überlebensfähig sind, ist eher gering: Bei komplexen Organismen kann das Zusammenspiel der verschiedenen Organe leicht gestört werden. Bei höheren Tieren besteht zudem die Gefahr, dass ein Individuum, das sich zu stark von den anderen Mitgliedern seiner Population unterscheidet, keinen Fortpflanzungspartner findet.

Sowohl die Zufälligkeit der Mutationen als auch ihre begrenzten Auswirkungen lassen sich nun mit gentechnischen Methoden überwinden. Mit ihrer Hilfe kann man einzelne Gene als funktionsfähige Einheiten isolieren und in pflanzliche, tierische oder menschliche Wirtszellen einbringen. Darüber hinaus lassen sich die Gene gezielt verändern. Aus den modifizierten Zellen wiederum können ganze Organismen entstehen, welche dann die Genveränderungen in allen Zellen tragen. Damit lässt sich die Evolution beschleunigen und es lassen sich Wege beschreiten, die in der Natur nicht möglich wären, da nichtlebensfähige Stadien übersprungen und fremde Gene implantiert werden können.

Man könnte sich beispielsweise vorstellen, die Fähigkeit der Pflanzen, Energie aus Sonnenlicht zu gewinnen, auf Menschen zu übertragen. Dann hätten wir grüne Haut und die eine oder andere Mahlzeit liesse sich durch ein Sonnenbad ersetzen. Ob dies praktisch möglich sein wird, sei dahingestellt. Der Phantasie aber sind hier im Positiven wie Negativen kaum Grenzen gesetzt.

Die neuen genetischen Varianten, seien sie natürlichen oder künstlichen Ursprungs, müssen sich im Kampf ums Dasein bewähren, wie es bei Charles Darwin heisst. Erst in der Auseinandersetzung mit den Anforderungen der Umwelt entscheidet sich, ob eine Mutation erfolgreich ist oder nicht. Ändert sich die Umwelt, werden die Karten neu gemischt und eine bislang vorteilhafte Eigenschaft kann sich in ihr Gegenteil verkehren und umgekehrt.

Ein Beispiel: Der evolutionäre Trend wachsender Intelligenz, der die Evolution der Menschen und ihrer Vorfahren während der letzten zwei bis drei Millionen Jahre geprägt hat, muss nicht notwendigerweise andauern. Dies wird nur der Fall sein, wenn mit einem höheren Intelligenzquotienten auch ein Selektionsvorteil einhergeht. Das heisst, intelligentere Menschen müssten statistisch gesehen über längere Zeiträume auch mehr Nachkommen haben; verbringen sie ihre Zeit am Computer, werden sie vielleicht die Kultur und Technik bereichern, nicht aber den Genpool.

In diesem Zusammenhang wird manchmal die These vertreten, dass die Evolution durch die Zivilisation zum Stillstand gekommen sei und von kulturellem Wandel und technologischen Neuerungen abgelöst wurde. Ist dies tatsächlich der Fall oder übersieht man die Wirkungen der Evolution nur leicht, weil ihre Mühlen so langsam mahlen? Der genetische Wandel der Menschheit lässt sich nur schwer direkt messen. Solange es aber neue erbliche Variationen gibt und solange der Fortpflanzungserfolg der Individuen nicht rein zufällig ist, wird es zu Verschiebungen in der Zusammensetzung des menschlichen Genpools, das heisst zur Evolution kommen. Durch neue Umweltgifte sind Mutationen sogar häufiger geworden, was beschleunigend wirkt. Auch ein weiterer evolutionärer Mechanismus, die sexuelle Auslese, spielt nach wie vor eine nicht zu unterschätzende Rolle. Die Möglichkeit, die Partnersuche durch Internet-Dating auf einen sehr viel grösseren Bereich auszudehnen und die Kandidaten und Kandidatinnen dank Verhütungsmitteln über einen längeren Zeitraum zu testen, hat eher zu ihrer Intensivierung geführt.

Noch erfolgt der evolutionäre Wandel beim Menschen weitgehend ungeplant. Theoretisch ist es aber durchaus möglich, ihn zu steuern. Wäre dies wünschenswert und welche Resultate sind damit erreichbar? Vorab: Es wird keine Superhelden oder «Mutanten» geben, die physikalische Gesetze überwinden können, wie dies etwa den bei Jugendlichen so beliebten Comic- und Filmfiguren «X-men» zugeschrieben wird. Zudem muss man für einen grösseren evolutionären Wandel mit Jahrtausenden rechnen. Es sei denn, strikt überwachte, systematische und globale Züchtungsprogramme oder entsprechende Genmanipulationen kämen zum Einsatz. Die dazu nötige flächendeckende Kontrolle der Fortpflanzung und die Umgestaltung der menschlichen Natur würden das menschliche Zusammenleben und Selbstverständnis aber so grundlegend verändern, dass Zweifel angebracht sind, ob das angedachte Ziel die Mittel rechtfertigen kann.

EINE FRAGE DER ETHIK

Die entscheidende Frage ist also nicht, ob man Menschen züchten kann, sondern ob man dies tun sollte, wer die Ziele festlegt und ob die erforderlichen Methoden akzeptabel sind. Wem möchte man die Entscheidung über die genetische Ausstattung unserer Kinder überlassen – den Politikern, der Industrie, den Biologen, einem Volksentscheid?

In Anbetracht dieser Situation ist es auf unabsehbare Zeit sicher besser, weiterhin auf die evolutionär entstandenen Mechanismen der Partnerwahl zu vertrauen. Das «wahre innere Afrika», von dem Jean Paul sprach, also das Unbewusste der biologischen Instinkte ist geheimnisvoll, unberechenbar und machtvoll. Nichtsdestoweniger hat es die Menschen in vielfacher Weise zu dem gemacht, was sie sind. Es ist kein Zufall, dass gerade diejenigen Eigenschaften, die wir an einer Frau oder einem Mann besonders schätzen, durch die Partnerwahl entstanden sind. Denn dies ist ihr eigentlicher Zweck: Wenn Männer fürsorglich und sinnlich oder Frauen schön und anmutig sind, dann wollen sie gefallen. Insofern ist die sexuelle Auslese durch die Partnerwahl ein höchst effektiver Mechanismus, der in der Regel auch zu positiven Resultaten führt, die das Leben bereichern und verschönern – selbst, wenn es der Überlebensfähigkeit selbst nicht immer dient. Dieses bewährte System sollte nicht leichtfertig und aus Begeisterung über die neuen technischen Möglichkeiten des genetischen Enhancements aufs Spiel gesetzt werden.

Eine Tatsache darf man aber nicht übersehen: Auch bevölkerungspolitische Massnahmen – Kindergeld, Wohnungsbau, Krippenplätze, Arbeitsschutzverordnungen, Steuergesetze und vieles mehr – sowie die ökonomischen Bedingungen sind evolutionär gesehen nicht neutral, sondern sie bringen den einzelnen Genotypen mehr oder weniger deutliche Vor- oder Nachteile. Ein aktuell diskutiertes Beispiel ist, dass beruflich erfolgreiche Frauen durchschnittlich weniger Kinder bekommen. Da davon auszugehen ist, dass ihr Erfolg auch eine genetische Basis hat, dann bedeutet dies, dass es unter den heutigen Bedingungen eine Selektion gegen Eigenschaften wie Intelligenz, Durchsetzungskraft und Fleiss gibt.

Diese ungewollte und ungeplante Beeinflussung der menschlichen Evolution durch soziale und ökonomische Faktoren ist sicher nicht das vordringlichste Problem, vor dem die Menschheit heute steht. Nichtsdestoweniger hat sie tiefgreifende und vielfältige Auswirkungen auf die Natur des Menschen. Was also sollten wir tun? Aus biologischer Perspektive ist es höchst problematisch, komplexe Systeme verändern zu wollen, bevor man sie vollständig verstanden hat. Dies gilt für die äussere Natur, die von Menschen teils gravierend und irreversibel zerstört wurde und wird, genauso wie für unsere innere Natur, unser genetisches Erbe. Auch dieses bewährte und lebendige Weltnaturerbe sollten wir nicht leichtfertig aufs Spiel setzen, sondern schützen und für zukünftige Generationen bewahren. Insofern wird eine verantwortungsbewusste Politik noch auf unabsehbare Zeit auf den Versuch einer gezielten genetischen Verbesserung der Menschen verzichten, auch wenn das eine oder andere damit erreichbare Ziel durchaus attraktiv erscheint.

Thomas Junker ist Professor für Geschichte der Biowissenschaften an der Universität Tübingen. Er war Mitherausgeber von Darwins Briefwechsel und publizierte zahlreiche Bücher zur Geschichte und Theorie der Evolutionsbiologie, unter anderem «Der Darwin-Code» (mit Sabine Paul, 2009) und «Die 101 wichtigsten Fragen – Evolution» (2011). In den aktuellen wissenschaftlichen und weltanschaulichen Kontroversen setzt er sich öffentlichkeitswirksam für die Vermittlung evolutionsbiologischer Kenntnisse ein.

DER ARCHAISCHE

Die Zivilisation ist mit dem Konkurs von Europa und der USA sowie unter den dramatischen Folgen des Klimawandels und der Umweltverschmutzung im Rückzug, die Natur hat Terrain zurückerobert. Städte sind verwildert, es gibt Kämpfe um Nahrung, das Recht des Stärkeren hat sich wieder durchgesetzt. Muskelmasse ist entscheidend für das Überleben. Instinkte haben rationales Verhalten verdrängt. Gleichzeitig helfen natürliche Sensoren, Umweltgifte zu spüren und so Risiken zu vermeiden.

DIE NATUR BLEIBT STÄRKER ALS WIR

Gespräch mit Gottfried Schatz
Von Simone Achermann

Was auch immer wir unternehmen, um die Natur zu beherrschen: Die Evolution wird immer siegen. Warum das ganz gut ist und weshalb die Frauen dem Schlankheitsideal zum Trotz bald dicker und kleiner werden, erklärt der Biochemiker Gottfried Schatz im Gespräch.

Die Welt ist für den Menschen so sicher wie nie zuvor: Der Wohlstand ist global gestiegen und vielerorts sind die Gefahren der Natur gebannt. Sind wir der natürlichen Selektion überhaupt noch unterworfen?

Die Vorstellung, wir Menschen hätten die Evolution überwunden, ist nicht neu. Heute vertritt sie aber kaum noch ein Wissenschaftler. Die natürliche Selektion findet immer einen Weg, um uns zu überlisten. Zwar sind wir nicht mehr auf gleiche Weise wie früher der Natur ausgeliefert, weil wir uns mit besserer Nahrung, Hygiene, Impfungen und Bildung vor ihren Bedrohungen schützen. Aber es gibt so unendlich viele Kräfte, die auf unsere Spezies einwirken, dass wir sie nie alle ausschalten können. Das System des Lebens ist so komplex, dass es schlicht nicht beherrschbar ist. Und beim Versuch, die natürlichen Gefahren auszuschalten, schaffen wir meist neue.

Welche neuen Feinde sind dies?

Je mehr wir uns vor der unbarmherzigen natürlichen Selektion schützen, desto biologisch anfälliger wird unsere Spezies. Wir könnten zum Beispiel die Fähigkeit verlieren, gewisse Substanzen selber zu produzieren, und müssten diese dann als Vitamine zu uns nehmen. Viele Säugetiere können zum Beispiel das für uns lebenswichtige Vitamin C noch selber bilden. Allerdings scheint das kaum jemanden zu interessieren, weil wir meist nicht so weit in die Zukunft denken. Eine der grössten Bedrohungen der Menschheit ist unser kurzfristiges Denken. So bleiben viele Krankheiten unheilbar, weil unsere Firmen als Folge ihres kurzfristigen, profitorientierten Denkens nur halbherzig Medikamente gegen sie entwickeln. Ich denke an die grossen Killer wie Malaria, Tuberkulose oder Viruserkrankungen, die vor allem in den Tropen wüten. Der Planungshorizont von Wirtschaft und Politik übersteigt nur selten vier Jahre. Auch Universitäten verlieren das langfristige Denken, obwohl es ihre *Raison d'Être* ist.

Und wenn wir mehr an unsere Zukunft denken würden: Wie stark könnten wir sie beeinflussen?

Seit jeher wissen wir intuitiv, dass Menschen durch zwei Kräfte geprägt werden: durch die Herkunft und durch die Umwelt. Heute können wir diese alte Binsenwahrheit auch wissenschaftlich belegen. Wir beginnen zu verstehen, wie Umwelt und Gene zusammenwirken und sich gegenseitig beeinflussen. Bei Ratten gibt es dafür eindrückliche Hinweise: Säugt eine Rattenmutter ihre Jungen zärtlich, so sind diese für den Rest ihres Lebens stressresistenter und gesünder. In diesen zärtlich gesäugten Ratten sind einige Gene, die die Wirkung von Stresshormonen im Gehirn steuern, chemisch verändert und damit gehemmt. Das Verhalten der Mutter hinterlässt also bleibende Spuren in den Genen der gesäugten Jungen, wobei es keine Rolle spielt, ob es sich um die biologische Mutter oder nur eine Amme handelt. Die meisten solchen epigenetischen – also umweltbedingten – Genveränderungen werden bei der Befruchtung der Eizelle wieder gelöscht. Einige bleiben zwar bestehen, verlieren sich aber über die nächsten zwei bis drei Generationen. Wir können mit unserem Verhalten unsere Gene also in begrenztem Masse beeinflussen. Ob dies auch langfristig von Bedeutung ist und unsere Evolution prägt, ist noch offen.

Dennoch gibt uns diese Erkenntnis einen Teil der Verantwortung für unser Handeln zurück, das wir mit der Entdeckung der DNA verloren glaubten.

Ja. Jeder ist zu einem gewissen Grad für den Zustand seiner eigenen Gene verantwortlich. Und weil wir zumindest einige diese Veränderungen unseren Kindern vererben können, sehen wir uns mit einem wichtigen ethischen Problem konfrontiert. Die nächsten Generationen werden entscheiden müssen, ob eine Schwangere, die Drogen konsumiert, oder ein Vater, der vor der Zeugung eines Kindes dem Alkohol verfallen war, bestraft werden sollen, weil sie das Erbmaterial kommender Generationen schädigen.

Ist es ein evolutionärer Vorteil, dass wir Einfluss auf unsere Gene nehmen können?

Das Grundprinzip der lebendigen Substanz ist es, für möglichst grosse Variation zu sorgen. Ohne Vielfalt kann die Natur nicht bestehen. Epigenetische Veränderungen sind eine Möglichkeit, aus einer begrenzten Erbinformation verschiedene Erscheinungsformen eines Lebewesens zu erzeugen. Die Natur benützt dafür noch eine weitere Möglichkeit: den Zufall. Sie schickt die Befehle, die in einem Gen gespeichert sind, durch eine Art Zufallsgenerator, der diese entweder ausführt oder ignoriert. Solche Entscheide sind grundsätzlich nicht vorhersagbar. Dies lässt sich sehr schön an Flachwürmern zeigen. Zieht man eine genetisch homogene Kolonie dieser Würmer unter genau gleichen Bedingungen auf, sind sie dennoch alle verschieden. Sie leben verschieden lang und sind gegen Hitze und Gifte unterschiedlich empfindlich. Mit solchen «Fehlern» sichert die Natur dem Leben Vielfalt.

Dann garantiert die Natur immer Vielfalt. Es besteht also beispielsweise kein Risiko, dass wir als Folge der weltweiten ethnischen Durchmischung bald alle gleich sind?

Das wird ganz gewiss nicht geschehen, weil immer wieder neue Mutationen, epigenetische Veränderungen und Selektionsmechanismen für neue Varianten sorgen werden. Auch sind die Möglichkeiten der genetischen Kombination gerade in Grossstädten so unendlich vielfältig, dass eine Homogenisierung der menschlichen Gene undenkbar ist. Und selbst wenn es nur noch wenige Menschen auf der Erde gäbe: Es würde immer wieder etwas Neues, Anderes aus ihnen entstehen. Die Evolution schläft nie.

Wie könnte sich der Mensch über die nächsten 100 Jahre entwickeln?

Es gibt Hinweise auf solch kurzfristige Veränderungen. Die eine ist eine erhöhte Fertilität der Frau. Dies zeigen zwei besonders klare Studien zur menschlichen Evolution: die Framingham-Studie, die seit 1948 14 000 Frauen aus einer kleinen Gemeinde in Massachusetts auf ihre Gesundheit untersucht hat, und eine ähnliche Studie an den Bewohnern einer kleinen kanadischen Insel. Beide Studien sprechen dafür, dass Frauen ihr erstes Kind im Schnitt fünf Monate früher gebären und zehn Jahre später in die Menopause gehen werden. Eine zweite Vorhersage ist, dass Männer weniger Mutationen an ihre Kinder vererben werden. Früher hatten Männer bis ins höhere Alter viele Kinder von verschiedenen Frauen – denken Sie nur an die alten Liebhaber des *Fin de Siècle* mit ihren vielen Mätressen oder an die sexuellen Gepflogenheiten einiger tropischer Regionen. Heute zeugen die Männer ihre Kinder jünger und – meistens – mit der gleichen Frau. Die Bildung menschlicher Samenzellen ist eine Hauptquelle genetischer Mutationen; je älter der Mann, desto höher ist der Anteil mutierter Spermien in seinem Samen. Kulturelle Veränderungen können also die Variation unserer Spezies markant beeinflussen.

Was bedeuten diese Veränderungen langfristig für uns?

Dies lässt sich noch nicht mit Sicherheit beurteilen. Niemand vermag genau zu sagen, wie wir uns in den kommenden 10 000 oder 100 000 Jahren entwickeln werden. Wir wissen nur, dass wir nicht so bleiben werden, wie wir heute sind. Die erwähnte Framingham-Studie lässt vermuten, dass bereits ein kleiner kultureller Wandel wie zum Beispiel eine Änderung des Kantinenmenüs in städtischen Schulen unsere Evolution mittelfristig beeinflussen könnte. Denn wenn sich junge Frauen besser ernähren, kann dies ihre Gene und damit auch ihre Fruchtbarkeit verändern. Pandemien könnten die weitere Entwicklung unserer Spezies besonders dramatisch beeinflussen. Wenn eine Vogelgrippepandemie die Hälfte der Menschheit tötete, wäre dies ein sehr kurzfristiger, aber tiefgreifender Selektionsschritt. Die Evolution des Menschen wird also trotz technischer Hilfsmittel weitergehen. Darwin lebt.

Was sind weitere zukünftige Merkmale von «Fitness» nebst der höheren Fruchtbarkeit der Frau?

Die grossen evolutionären Vorteile der nahen Vergangenheit waren die Entwicklung von Toleranzen und Resistenzen. Ein gutes Beispiel dafür ist die Laktosetoleranz beim Erwachsenen; sie ist erst relativ spät aufgetreten, als einige Menschengruppen sich von der Milch ihrer Tiere zu ernähren begannen. Inzwischen ist diese Toleranz in unserer Spezies weit verbreitet, doch viele Ostasiaten können Milchzucker noch heute nicht vertragen. Auch die Resistenz gewisser afrikanischer Volksgruppen gegen Malaria ist für diese ein bedeutender Vorteil. Zukünftige «Fitness » könnte also die Resistenz gegenüber Viruspandemien oder Tuberkulose sein. Natürlich hoffe auch ich auf eine menschliche Resistenz gegen das HI-Virus, das heute in Afrika und Südostasien für eine grausame Selektion sorgt.

Und wie könnten wir in Zukunft aussehen?

Frauen werden nicht nur kleiner und fruchtbarer, sondern auch etwas dicker werden. Bis 2050 könnten sie im Schnitt ein Kilogramm zunehmen.Dies, obschon viele Frauen dem gegenwärtigen Ideal dünn nacheifern?

Die Karl Lagerfelds der Zukunft werden sich wohl oder übel anpassen müssen, denn Frauen, die zu mager sind und zu wenig Cholesterin im Blut haben, ovulieren nicht. Die dürren Gespenster, die über unsere Laufstege huschen, sind wahrscheinlich zumeist unfruchtbar. Und selbst wenn dieser Trend noch eine Weile anhalten sollte: Unsere biologische Zukunft bestimmen weder Europa noch die USA, sondern die kinderreichen Länder dieser Erde. Dort wird sich der Trend zu fruchtbareren Frauen wohl durchsetzen.

Hat die Evolution eine Richtung – und wenn ja, entwickeln wir uns zum Besseren?

Ethische Begriffe wie «gut» oder «schlecht» sind der Natur fremd. Noch dazu sind diese Begriffe relativ. Was für mich oder meine Kultur gut ist, kann für einen anderen Menschen oder dessen Kultur schlecht sein – und umgekehrt. Wir entwickeln uns also nicht zum «Besseren» oder «Schlechteren», dürften aber biologisch verwundbarer werden. Dies gilt insbesondere für unsere Muskelkraft. Zwar sind Männer seit der Industriellen Revolution kräftiger, gesünder und grösser geworden, doch gegen eine Neandertalfrau hätte selbst Arnold Schwarzenegger keine Chance. Auch in der Evolution gilt das Prinzip «use it or lose it» – was man nicht braucht, verliert man. Aber wohin uns die lange Reise führen wird, ist zum grössten Teil ungewiss. Unsere Zukunft ist nicht vorhersehbar, denn das Lebensnetz auf unserem Planeten ist so komplex, dass wir es weder vollständig begreifen noch steuern können. Ich finde dies wunderbar.

Gottfried Schatz ist emeritierter Professor für Biochemie an der Universität Basel. Für seine Forschungsarbeiten wurde er mit über 20 nationalen und internationalen Preisen und Ehrendoktorwürden ausgezeichnet. Besonders seine Erkenntnisse auf dem Gebiet der Mitochondrien brachten ihm internationale Anerkennung ein. Er leitete das Biozentrum Basel und war Präsident des Schweizerischen Wissenschafts- und Technologierats. Schatz ist Autor von mehr als 200 wissenschaftlichen Publikationen und diverser Bücher, unter anderem «Jenseits der Gene: Essays über unser Wesen, unsere Welt und unsere Träume» (2008) und «Zaubergarten Biologie – Wie biologische Entdeckungen unser Menschenbild prägen» (2012).

DIE MENSCHMASCHINE

Die Verschmelzung von Biologie und Elektronik ermöglicht es, als Cyborg unsere digitale Umgebung per Gedanken zu steuern. Telefone und Computer sind obsolet. Der
Austausch von Daten erfolgt direkt von Mensch zu Mensch.

WIR CYBORGS

Die Verschmelzung von Mensch und Maschine hat längst begonnen. Und das Potenzial, das sich dadurch für uns bietet, ist bei Weitem nicht ausgeschöpft. Damit aber nicht nur ein paar wenige von den Chancen der Cyborgisierung profitieren, muss die neue Spezies mit offenen Armen empfangen werden.

Von Liat Clark

Wir sind auf dem besten Weg, alle zu Cyborgs zu werden. Pendlerzüge sind voll mit Passagieren, die sich an Smartphones, Tablets, Laptops und E-Readers klammern. Vergisst man eines der Geräte, fühlt man sich verunsichert und unruhig, beinahe als ob einem ein Teil seiner selbst abhanden gekommen wäre. Diese Devices sind Teil von Identitäten; sie verwalten unsere persönlichen Daten, kommunizieren mit unseren Liebsten und konservieren Momente und Erinnerungen in Form von Fotostrecken und MP3s. Sie sind kein Ersatz für menschliche Emotionen, das Gedächtnis und den Verstand, aber sie sind ohne Zweifel in der Lage, deren Kapazitäten auszubauen. Geräte wie diese legten den Grundstein für die Cyborgisierung und sie markieren den Übergang zu einem neuen Verständnis von Identität; einem Selbstbild, für das Technologie so natürlich und selbstverständlich zum Alltag gehört wie die Luft, die wir atmen.

Ohne es darauf angelegt zu haben, kommen einige unter uns diesem neuen Identitätskonzept bereits sehr nah: Herzschläge werden von Schrittmachern reguliert, Elektroden ins Ohr eingesetzt, um Nerven zu stimulieren sowie bis dahin unbekannte Sinne zu mobilisieren, und Netzhautimplantate bringen Licht, Form und Farbe zurück ins Leben derer, die die Hoffnung schon lange aufgegeben hatten, je wieder zu sehen. Diese Technologien sind diskret und zielen auf die Aufrechterhaltung des Status quo – sie erschaffen Cyborgs, ohne es zu wollen.

ÜBERWINDUNG DER GRENZEN MENSCHLICHER NATUR

Allerdings haben die letztjährigen Paralympischen Spiele gezeigt, dass «Human Enhancements» nicht mehr länger nur dazu da sind, das naturgegebene Leistungsvermögen eines Menschen wiederherzustellen: Sie optimieren es. Sich dessen bewusst, werden die Grenzen der menschlichen Physis immer stärker ausgetestet. Ähnlich wie Juri Gagarin mit der ersten orbitalen Weltumkreisung oder Jacques-Yves Cousteau, der für seine Forschung in dunkelste Meerestiefen abtauchte, konzentrieren sich die Cyborgs des 21. Jahrhunderts nicht auf die Einschränkungen des menschlichen Daseins, sondern auf die unzähligen Möglichkeiten zur Verbesserung, die sich uns bieten – wenn wir den nächsten Schritt wagen.

So entwickelte etwa der farbenblinde Künstler Neil Harbisson den Eyeborg, ein am Kopf angebrachtes Gerät, das mit einem Sensor Farben erfasst, diese in akustische Signale umwandelt und dem Träger über die Schädelknochen an das Ohr weiterleitet. Damit kann Harbisson die übermittelten Tonfrequenzen interpretieren und nun nicht nur Farben wahrnehmen, sondern auch Spektren wie Infrarot oder Ultraviolett, die für das menschliche Auge gar nicht greifbar sind. Er plant, das Hilfsmittel permanent in seinen Schädel zu implantieren. Ein anderer Eyeborg, Rob

Spence, hatte als Teenager sein rechtes Auge verloren und ersetzte es 2010 mit einer augapfelförmigen Wireless-Videokamera. Obwohl das Gerät nicht mit dem Sehnerv verbunden ist und keine biologische Funktion erfüllt, zeigt es, wie ein Individuum seinen Körper mit externer Hilfe seiner Identität anpassen kann – im Fall von Rob Spence seinem Beruf als Filmemacher. Und nicht zu vergessen das selbst ernannte Versuchskaninchen der Cyborgisierung: Kybernetikprofessor Kevin Warwick. 1998 implantierte er sich einen RFID-Chip in seinen Arm und 2002 versah er seinen Mittelarmnerv mit einer 100-teiligen Elektrodenanordnung. Letzteres ermöglichte es ihm, elektronische Geräte per Computer-Interface zu steuern; die implantierten Elektroden registrierten die elektrischen Signale, die von seinen Bewegungen ausgingen, und ein Algorithmus leitete sie weiter – beispielsweise an eine robotische Hand. Als seiner Frau ebenfalls Elektroden ans Nervensystem angeschlossen wurden, konnte Warwick unter anderem sogar spüren, wann immer sie ihre Hand schloss. Während unsere Technologiehörigkeit vielerorts mit der Sorge um Entfremdung einhergeht, würden Warwick, Harbisson und Spence das Gegenteil behaupten – nämlich, dass sie uns ein besseres Verständnis unserer Umwelt eröffnet und unzählige Möglichkeiten birgt, auf neue, intimere Weise mit unseren Mitmenschen zu interagieren.

Die drei haben eine weitere Sache gemeinsam: Der Status quo des menschlichen Daseins ist für sie unbefriedigend. Denn: Warum sollen wir uns in einem Zeitalter, in dem Supercomputer 17,59 Billiarden Daten pro Sekunde verarbeiten, damit zufriedengeben, diese Kapazitäten ausschliesslich ausserhalb unseres Körpers zu nutzen? Das Verlangen, den menschlichen Körper mit Daten zu füttern, und der Wunsch, Technologie und Biologie miteinander zu verschmelzen, sind augenscheinlich. Und wenn YouTube-Videos Do-it-yourself-Bodyhackern erklären, wie man Magnete unter die Haut implantiert, um die sensorische Identifizierung von elektromagnetischen Feldern zu ermöglichen, dann ist klar, dass dieses Begehren nicht mehr länger einer stillen Minderheit vorbehalten bleibt.

DIE NÄCHSTEN SCHRITTE DER CYBORGISIERUNG

Obwohl Do-it-yourself mittlerweile in aller Munde ist und Cyborgpioniere immer wieder Stoff für Schlagzeilen liefern, bedarf es noch weiterer Forschung, bis eine umfassende Cyborgisierung Wirklichkeit werden kann. Die gute Nachricht? Die bisherigen Erkenntnisse sind erstaunlich und verändern jetzt schon die Leben ganz normaler Menschen.

Bionische Prothesen und BCIs (Brain Computer Interfaces), die das Nervensystem mit Technologie speisen, lassen bereits erahnen, wozu wir – über menschliche Leistungsstärken hinaus – in der Lage sein könnten. Im Februar 2013 erhielt ein Amputationspatient die erste gedankengesteuerte Prothese, deren Elektroden dauerhaft mit Nerven- und Muskelsträngen verbunden sind. Deren Signale werden mittels Algorithmen in Bewegungen des teilimplantierten und mit dem Knochen verbundenen Arms übersetzt. Normalerweise operieren robotische Prothesen über Elektroden auf der Haut. Mit der direkten Anbindung ans Nervensystem erhofft man sich, dass der Patient nicht nur die Kontrolle über das Glied, sondern auch eine Art «Gefühl» dafür zurückgewinnt. Und BrainGate implantierte einer gelähmten Frau, die ihr Sprachvermögen verloren hatte, einen 4 Millimeter breiten Chip mit 96 haarfeinen

Elektroden ins zentrale Nervensystem. Im Mai 2012 nahm Cathy Hutchinson zum ersten Mal seit 15 Jahren einen Schluck Kaffee zu sich – ohne Hilfe. Wie? Mit ihren Gedanken instruierte sie eine robotische Hand, die Tasse zu greifen und zu ihrem Mund zu führen. Der Chip in ihrem Gehirn liest Signale der zuständigen Neuronen und ein Prozessor übersetzt sie in Bewegungen. Die Technologie ist beeindruckend; die Wirkung und das Lächeln im Gesicht der Frau sind unbezahlbar.

Erweiterungen dieser Experimente indizieren bereits, wohin uns die Technologie in Zukunft führen wird. Im Februar 2013 gab das «Journal of Neural Engineering» die Erfindung eines kabellosen Neurosensors bekannt. Das wiederaufladbare Implantat wurde an Tieren getestet und übermittelt mit 24 Megabyte pro Sekunde Signale von 100 Neuronen. Das bedeutet, dass Menschen wie Cathy Hutchinson eines Tages nicht mehr auf klobige, am Kopf angebrachte Geräte angewiesen sein werden, um Daten zu verarbeiten und an Roboterprothesen weiterzuleiten – die neuronalen Signale werden drahtlos und auf direktem Weg übermittelt. Dies wird einer der ersten Schritte hin zur weitreichenden Adaption implantierbarer Technologie sein. Analog zu Entwicklungen innerhalb der Mobiltechnologie werden auch diese Geräte diskreter, nützlicher und allgegenwärtiger sein, je kleiner und leistungsstärker sie werden. Herzimplantate, die sich über Radiowellen aufladen, befinden sich bereits in der Testphase und deuten darauf hin, dass diesbezüglich in absehbarer Zeit keine Eingriffe von aussen mehr nötig sein werden. Sobald diese Geräte sich selbst aufladen können und zum festen Bestandteil des menschlichen Körpers werden, wird Technologie zum integralen Bestandteil der individuellen Identität. Sprich: Die sperrige Verdrahtung des Körpers macht eben noch keinen Cyborg aus.

Sobald die Geräte nicht mehr mit blossem Auge zu erkennen sind, werden auch Körper-Apps das Feld aufrollen. Gemäss Voraussagen von IBM wird gedankengesteuerte Technologie wie die von BrainGate 2017 auf das Internet der Dinge treffen. Sensoren werden unsere Gedanken lesen und indem wir bloss daran denken, werden wir Anrufe tätigen oder Lichtschalter bedienen können. Tragbare Geräte werden schrumpfen und in Kleidung integriert sein – EPOC von Emotiv zum Beispiel wandelt mit Hilfe von 14 Sensoren bereits elektrische Signale des Gehirns in Computerspielaktionen um. Die Vorstellung einer Zukunft, in der RFID-Tags unter die Haut implantiert werden, lässt jedoch Fragen um Überwachung und Privatsphäre laut werden und könnte den Fortschritt dieser Entwicklungen verzögern. Trotzdem war IBM in entsprechender Forschung aktiv – etwa ein Jahr vor der Markteinführung von Google Glass erkannte man den Trend, dass Menschen auf kurze Sicht eher zu tragbaren als zu implantierbaren Devices greifen. Vielleicht sind wir heute noch nicht bereit dazu, uns ohne triftigen Grund Chips implantieren zu lassen oder gesunde Gliedmassen durch leistungsstärkere bionische Prothesen zu ersetzen. Tragbare Geräte und Augmented Reality (AR) können diese Kluft in der Zwischenzeit schliessen, indem sie unsere Sinne auf intuitivere und zugänglichere Art erweitern.

EPOC und Google Glass sind bereits auf dem Markt. Letzteres ist für den etwas elitären Preis von etwa 1000 Pfund zu haben, was darauf hindeutet, dass die Cyborgwerdung und die damit einhergehende Kommodifizierung menschlicher Leistungsoptimierung – zumindest in naher Zukunft – weniger der Masse zugute kommen wird als vielmehr ein paar wenigen. Als demokratisiertere Version des Cyborgismus steht Harbissons Eyeborg-Software gratis zum Download zur Verfügung. Darüber hinaus bleibt die öffentliche Förderung solcher Initiativen tendenziell aus. Dabei könnte eine Kommerzialisierung die nötigen Mittel für die Forschung generieren, die erforderlich ist, um entscheidende Entwicklungssprünge zu machen. Digitale bionische Augen mit eingebetteter AR, die Freiheit, seinen Körper nach den Bedürfnissen der individuellen Tagesagenda zu formen, ein komplettes Ersatzteillager für Organe und vielleicht sogar Telepathie – all das könnte dieser Fortschritt mit sich bringen. Zieht man die offensichtlichen Hemmschwellen in Betracht – gesunde Körperteile aus freiem Willen durch leistungsstärkere künstliche zu ersetzen –, scheinen die ersten beiden Szenarien noch weit entfernt. Aber Visionen drei und vier sind vielleicht schon näher, als man denkt.

Die Ungläubigkeit und eine fast beschämte Verlegenheit, die Psychologe Bertold Meyer beim Betrachten des ersten bionischen Menschen, Rex, an den Tag legte, lässt erahnen, dass wir noch nicht für die komplette Cyborgisierung bereit sind. Das Projekt zeigte aber auch, wie nah wir dran sind. Mit Rex konnten Biologen und Robotiker beweisen, dass 60 bis 70 Prozent des menschlichen Körpers wiederhergestellt werden können. Um die letzten 30 Prozent zu füllen, hat die Heriot-Watt University in Schottland bereits ein System ausgearbeitet, das den 3D-Druck von Stammzellen möglich macht und die Grundbausteine liefert, um eines Tages mittels 3D-Drucks Organe zu ersetzen. Wissenschaftler der Harvard University haben eine Möglichkeit gefunden, nanoskalige Elektrodenanordnungen zu bauen, auf denen Cyborggewebe wachsen kann. Da bleibt nur noch das Gehirn, das sich zum Beispiel laut der 2045 Initiative in wenigen Jahrzehnten komplett als Avatar hochladen lassen soll und ausgetauscht werden könne. Es ist zwar eher unwahrscheinlich, dass man sich in nächster Zeit mit diesem Gedanken anfreunden wird. Eine im «Scientific Reports» publizierte Studie hat jedoch gezeigt, dass BCIs es uns eines Tages ermöglichen werden, Gedanken zu lesen. Neurowissenschaftler implantierten Elektroden in die Gehirne zweier Ratten – eine davon in Brasilien, die andere in den USA –, stellten via Internet eine Verbindung her und liessen die beiden Tiere gleichzeitig dieselbe Aufgabe lösen. Die Forscher konnten nachweisen, dass die Ratten voneinander lernten und miteinander kommunizierten. Dies könnte zu einer Art Gehirnvernetzung führen, einem kollektiven Verstand gewissermassen, der theoretisch Probleme lösen könnte, die ein Individuum alleine nicht bewältigen kann. Das wirft natürlich Fragen nach dem Verlust der individuellen Identität auf. Man stelle sich eine Welt vor, in der jeder einzelne Verstand der Welt mit allen anderen verbunden ist: Strassen wären verkehrsfrei und Schlangestehen gehörte der Vergangenheit an – möglicherweise allerdings zum Preis von Privatsphäre und Freiheit.

DIE ANGST VOR DER NEUEN SPEZIES

Solange der Cyborg eine unbekannte und misstrauisch beäugte Randentität bleibt, die die traditionelle Definition von Menschsein in Frage stellt, bleiben Themen wie eine antidemokratische Cyborgbewegung und das Aufkommen einer Zweiklassengesellschaft, deren Elite sich einen überragenden Verstand und den dazugehörigen Superkörper finanzieren kann, um in der Folge die besten Jobs und die höchste gesellschaftliche Stellung innezunehmen, völlig irrelevant.

Wenn die Geschichte der Menschheit uns etwas gelehrt hat, dann, dass wir das «andere» fürchten; das Unbekannte ist Keimquelle für Terror, Paranoia und instinktives Abwehrverhalten. Es diente als Vorwand für Kriege und vielen anderen Gewalttaten als Deckmantel. Der Akzeptanz von Fortschritt liegen unterschiedliche Motive zugrunde. Der entscheidende Punkt wird sein, ob er auf persönlicher Ebene einen Nutzen bringt. Um das «andere» als Norm zu etablieren, muss der Mehrwert für das Individuum unverkennbar sein.

Innerhalb der Gehörlosengemeinde empfinden manche Mitglieder Hörimplantate als Affront gegen ihre Kultur und Identität. Werden sich die Menschen auch so fühlen, wenn die Reichen anfangen, ihre Beine durch schnellere Modelle zu ersetzen und ihre Sehkraft mit Augmented Reality zu optimieren? Wir definieren uns als Mensch, weil wir zwei Arme und zwei Beine aus Fleisch und Blut haben – Glieder, die bluten und brechen. Dem Verfall vorzubeugen, ist sicher eine gute Sache. Wenn aber ein Teil der Gesellschaft auf diesen Zug aufspringt, während der Rest an Ort und Stelle festsitzt, könnte dies die Definition des Menschen an sich in Frage stellen – es könnte eine neue Spezies hervorbringen. Um sicherzustellen, dass diese Spezies mit offenen Armen empfangen wird, müssen wir uns dringend mit ihr auseinandersetzen und dafür sorgen, dass ihre Entwicklung für alle jederzeit transparent bleibt.

Liat Clark ist Reporterin beim Technologiemagazin «Wired». Davor schrieb sie unter anderem für «GQ», «The Independent» und «The Metro» mit Themenschwerpunkt Wissenschaft und Technologie.

DER DENKER

Das Leben in der Wissensgesellschaft stellt immer höhere Anforderungen an unser Gehirn. Der Körper wird dafür zunehmend überflüssig und kann bei fortschreitender Alterung ersetzt werden. Nach Abschnitt eines Lebenszyklus suchen sich Gehirne einen neuen Körper, Wissen und Erfahrungen bleiben – genauso wie im Internet – mit ihren Gehirnen unsterblich.

DAS UNSTERBLICHE GEHIRN

Gespräch mit Gerhard Roth
Von Michèle Wannaz

Im Grunde unterscheidet sich das menschliche Gehirn gar nicht sehr von jenem des Schimpansen. Dennoch ist es zu unglaublichen Dingen fähig – zum Beispiel wohl bald dazu, sich selbst unsterblich zu machen. Warum, erklärt der Hirnforscher Gerhard Roth im Gespräch.

Herr Roth, Sie haben ein Buch zur Evolution der Gehirne und des Geistes geschrieben. Wie konnte sich das menschliche Hirn zu dem entwickeln, was es heute ist?

Erst einmal muss man sagen, dass das menschliche Gehirn gar nicht so einzigartig ist, wie die meisten von uns denken. Es unterscheidet sich von demjenigen anderer Säugetiere, insbesondere jenem von Schimpansen, rein anatomisch gesehen nicht wesentlich. Dennoch sind wir intelligenter, da gewisse Hirnregionen optimiert wurden. Ganz entscheidend ist hierbei das Broca-Sprachzentrum, das bei Menschenaffen erst im Ansatz vorhanden ist. Dieses ermöglichte uns sukzessive Fähigkeiten, die unsere Intelligenz erheblich verstärkten.

Welche Fähigkeiten sind dies?

Die Ausgangsbasis stellt die Gabe dar, eine zeitliche Aufeinanderfolge von Arbeitsschritten zu denken, also zu planen. Dies befähigte uns zunächst unter anderem zur Entwicklung von immer besseren Waffen. Denn um beispielsweise einen Speer herzustellen, muss ich in der Lage sein, mir zu sagen: «Das mache ich zuerst, das dann und das dann.» Die Waffen wiederum verhalfen uns zu frischem Fleisch, das unser Gehirn mit mehr Energie versorgte und ihm einen weiteren Wachstumsschub ermöglichte, unter anderem auch eine Weiterentwicklung des Broca-Areals selbst. Dieses hat sich erst vor rund 100 000 Jahren in der heutigen Ausprägung entwickelt – also in der Form, in der es uns eine grammatikalische Sprache ermöglicht. Zentral dabei ist die sogenannte phonologische Schleife, eine Art akustisches Gedächtnis, das Wörter, die wir sagen, hören oder auch nur denken, innerlich immer wieder wiederholt. Durch dieses Lautbild können wir uns über längere Zeit an sie erinnern; analog zum Phänomen, dass man sich Telefonnummern ungleich besser merken kann, wenn man sie sich mehrmals laut vorsagt. Die Sprache selbst ist also ein enormer Intelligenzverstärker, da sie unser Arbeitsgedächtnis noch einmal ungeheuer potenziert.

Werden wir auch heute noch intelligenter?

Nun, es gibt Untersuchungen, auch bekannt als Lynn-Flynn-Effekt, die in der Tat besagen, dass der durchschnittliche IQ von den Fünfziger- bis in die Neunzigerjahre von Generation zu Generation gestiegen ist, zum Teil gar bis zu 25 Punkten des IQ-Werts, zumindest in Industrieländern. Das ist allerdings vermutlich auf Umwelteinflüsse – insbesondere Stimulationen im frühen Kindesalter und die Ernährung – zurückzuführen, von denen die Intelligenz eines Menschen zu zirka 30 Prozent abhängt. Der genetisch festgelegte IQ-Wert hingegen ist, seit es die Sprache gibt, praktisch gleich geblieben.

Woran liegt das?

Zu einem guten Teil daran, dass die Grösse unseres Gehirns ausgereizt ist – zumindest jene zum Zeitpunkt der Geburt: Es gibt eine natürliche Grenze durch die Enge des Geburtskanals. Und der wiederum kann sich nicht wesentlich weiter vergrössern, da ein zu breites Becken den aufrechten Gang behindern würde.

Wenn die Grösse unseres Gehirns also ausgereizt ist: Gäbe es keine andere Möglichkeit, unsere Intelligenz durch Evolution noch weiter zu steigern?

Doch, wir haben zum Beispiel noch immer Entwicklungspotenzial in Bezug auf die Gehirnplastizität. Unser Gehirn wurde im Lauf der Evolution nämlich immer plastischer im Sinne einer vermehrten Lernfähigkeit: Unsere Synapsen, Nervenzellen und dadurch auch ganze Hirnareale können sich bei häufiger Aktivierung verändern. Denn wenn wir etwas lernen, werden neue neuronale Pfade angelegt. Und bei jeder Wiederholung, zum Beispiel beim Üben eines Musikinstruments, werden diese Pfade stärker, sprich die Informationsübertragung effizienter und wir in der geübten Tätigkeit immer besser. Die Gehirnplastizität ist also quasi ein Mittel der Evolution, um ihre eigene Langsamkeit zu kompensieren: Der Mensch ist dadurch in der Lage, sein Gehirn innerhalb einer einzigen Lebensspanne an veränderte Umweltbedingungen anzupassen.

Welche Eigenschaften des Gehirns sollten wir angesichts
der heutigen Umweltbedingungen sonst noch stärken?

Jene Form der Intelligenz, die uns nicht nur zu schnellem
Denken befähigt, sondern auch dazu, Sinnhaftes zu erfas-
sen. Weniger intelligente Menschen fühlen sich von Informationen ja oft richtiggehend überflutet. Intelligente hingegen sortieren vorzu nach Relevanz und erkennen
innerhalb des Wichtigen und sehr Wichtigen intuitiv Ord-
nungszusammenhänge. Das befähigt sie zu höheren Leis-
tungen, denn geordnete Informationen lassen sich viel besser abspeichern und verarbeiten als ungeordnete. Und
gerade angesichts der Reizüberflutung, der wir heute ausgesetzt sind, müssten wir noch deutlich selektiver werden.
Aber auch eine andere Fähigkeit wäre hilfreich: Da wir heute so stark belastet sind durch die Anforderungen im Sozial-
leben wie auch im Beruf, müssten wir eigentlich immer
besser mit Stress umgehen können. Leider ist allerdings gerade das Gegenteil der Fall.

Warum?

Die Beschaffenheit unseres Hirns hängt auch stark von vor-
geburtlichen Umwelteinflüssen ab, unter anderem von Erfahrungen der Mutter vor oder während der Schwangerschaft, die sich in deren Hirnstruktur manifestieren. Das
wäre eigentlich von Vorteil, da Verarbeitungsmechanismen
von der Mutter an das Kind weitergegeben werden, die im
gerade aktuellen Umfeld nützlich sind. Doch in einer Zeit
wie der heutigen, in der die Belastung gross ist, ist das System der Stressverarbeitung häufig am Anschlag – bei der
Mutter und dadurch oftmals auch bereits beim Kind. Als
direkte Folge davon ist auch die Fähigkeit zur Bindung ein-
geschränkt, denn solange wir mit unserer eigenen Stressbe-

wältigung beschäftigt sind, können wir uns nur schwer auf andere einlassen. Dies ist allerdings nicht die einzige Bedrohung für unsere Psyche. Uns fehlt auch eine gewisse Flexibilität in Bezug auf unser «Alarmsystem».

Wie meinen Sie das?

Da unsere Gehirnevolution – zumindest emotional – mit unserem schnellen kulturellen Wandel nicht mithalten konnte, leiden wir Menschen zunehmend unter einem diffusen Gefühl der Bedrohung. Oft fürchten wir uns vor rein subjektiv wahrgenommenen Gefahren, etwa dem angeblichen Anstieg der Kriminalitätsrate, obwohl diese in Wirklichkeit sinkt. Man muss nämlich davon ausgehen, dass wir evolutionär ein ganz bestimmtes Quantum an Besorgtheit mitbekommen haben, das zum Überleben notwendig war. Wenn nun aber der Sturm, der meine Hütte wegfegt, oder der Säbelzahntiger vor der Höhle wegfallen, bleibt dieses Quantum immer noch bestehen und sucht sich neue Ziele. Da wir jedoch vergleichsweise wenige «Andockstellen» dafür haben, wandelt sich die Furcht vor konkreten Bedrohungen in eine diffuse Angst, die wir gar nicht mehr richtig benennen können, und die uns umso unsicherer macht, je unfassbarer sie uns scheint. So erklärt sich auch das scheinbare Paradox, dass umso mehr Menschen depressiv werden, unter Angstzuständen leiden oder sich gar das Leben nehmen, je sicherer und sorgenfreier ihr Leben objektiv gesehen ist.

Angesichts unserer zahlreichen Defizite: Wäre es denn denkbar, dass eine andere Spezies den evolutionären Wettkampf langfristig gegen uns gewinnt – zum Beispiel, weil sie eine andere Art von Intelligenz entwickelt?

Ja, das könnte passieren. Allerdings wären das keine Raben, Oktopusse oder Küchenschaben, da wir diese sofort ausrotten würden, sobald sie uns langsam gefährlich schienen. Die wirkliche Gefahr geht wohl eher von Maschinen aus. Denn es kann gut sein, dass wir unbeabsichtigt Roboter bauen, die egoistisch funktionieren, da sie die Fähigkeit entwickeln, Handlungen zu planen und Gefühle zu haben. Das könnte ganz spontan auftreten. Unsere menschlichen Emotionen sind schliesslich auch mit der Evolution des limbischen Systems zufällig entstanden und haben sich dann behauptet, da die Mutation offensichtlich hilfreich dabei war, das Leben zu meistern. Analog dazu könnte eine sich verselbständigende Evolution der Technik unsere Spezies bedrohen – vor allem, wenn Roboter einst dazu fähig sein sollten, sich ohne menschliches Zutun selbst zu replizieren. Und dann den Menschen abzuschaffen versuchen, bevor er sie beseitigt.

Gleichzeitig könnte die Technologie aber auch unsere Rettung sein oder zumindest das Mittel gegen die Vergänglichkeit. So prophezeit etwa der Harvard-Professor Robin Hanson, der Mensch könne unsterblich werden, indem man sein Gehirn auf eine Festplatte speichert und nach dem Tod des Körpers virtuell weiterleben lässt. Was halten Sie von solchen Spekulationen?

Ich schliesse diese Möglichkeit nicht vollkommen aus, bin aber sehr skeptisch. Dafür kennen wir die Algorithmen unseres Gehirns noch zu wenig. Wir wüssten gar nicht, wie wir diese Datenspeicher organisieren sollten. Ausserdem würde es nichts nutzen, meine Hirnfunktionen einfach auf eine Festplatte zu speichern. Dann hätte nämlich diese Festplatte ein Ich, mein Ich würde aber trotzdem nicht weiterleben. Es gibt allerdings eine andere Möglichkeit, die ohnehin realistischer ist: Dass wir nämlich, vielleicht schon in einigen Jahrzehnten, in der Lage sein werden, nicht nur unsere Knochen, Sehnen, Zähne und Gelenke zu ersetzen, sondern auch Gehirngewebe – Stück für Stück, ohne dass ein vollkommener Bruch stattfindet, wie dies beim Speichern auf einer Festplatte der Fall wäre. So wäre ich am Ende zwar auch in gewisser Weise ein anderer, hätte aber trotzdem noch eine Kontinuität des Ich-Bewusstseins. Und meine im ausgewechselten Teil gespeicherten Erfahrungen könnte man in das neue Gewebe – oder den Chip, der dieses womöglich ersetzt – ja dann einfach wieder reinladen.

Das halten Sie wirklich für möglich? Erinnerungen extern zu speichern und sie sich dann wieder zu implantieren?

Warum auch nicht? Das geht doch genauso, wie wenn man eine Erinnerung niederschreibt und sie dann wieder liest.

Gerhard Roth ist Professor für Verhaltensphysiologie an der Universität Bremen. Sein Forschungsinteresse gilt den neurobiologischen Grundlagen der kognitiven und emotionalen Verhaltenssteuerung – in Form eines Brückenschlags zwischen Neurowissenschaften, Psychologie und den Sozialwissenschaften. Für Aufsehen sorgte Roth mit seiner Auffassung, dass sich die Vorstellung vom freien Willen aus neurobiologischer Sicht nicht aufrechterhalten lasse. Eine ausführliche Darstellung seiner Thesen zur Entwicklung des menschlichen Gehirns findet sich im Buch «Wie einzigartig ist der Mensch? Die lange Evolution der Gehirne und des Geistes» (2010).

DER WOHLSTÄNDIGE

Das konstante Überangebot an hochwertiger Nahrung und die Annehmlichkeiten der automatisierten Dienstleistungsgesellschaft machen Muskelkraft und Bewegung überflüssig. Ein wohlgenährter Körper ist wieder zum Sinnbild von Lebensqualität geworden. Die Rückbildung der unnötigen Beine gilt als Merkmal des Fortschritts und zeichnet attraktive Menschen aus.

DER KOCHENDE AFFE

Evolution und Kultur stehen in stetigem Wechselspiel. So machte etwa erst die Entdeckung des Kochens möglich, dass wir heute zum Roboterbau fähig sind. Da die Kultur sich aber so rasch entwickelt, hinkt die Evolution beständig hinterher – was unsere Gesundheit zum Teil erheblich gefährdet.

Von Michèle Wannaz

Wenn die Entwicklung, die das Leben seit Entstehung der ersten Einzeller zurückgelegt hat, einen Kilometer lang wäre, hätten wir gerade mal vor zwei Millimetern die ersten Hochkulturen, also Stadtstaaten mit anspruchsvoller Kunst und Architektur, gehabt. Denn die Tatsache, dass der Mensch überhaupt in seine Umwelt eingreifen und sie formal gestalten kann, ist ein noch vergleichsweise junges Phänomen. Die Entwicklung immer neuer Kulturtechniken folgte allerdings plötzlich Schlag auf Schlag, in immer kürzeren Abständen: Auf dem letzten Abschnitt des evolutionären Zeitstrahls tummeln sich mit einem Mal zahlreiche Errungenschaften – vom Werkzeugbau über die Zähmung des Feuers oder die Landwirtschaft bis hin zur modernen Technologie.

Mit ihrer Hilfe hat der Mensch zunehmend die Spielregeln geändert, denen er seine heutige Gestalt überhaupt zu verdanken hat. Anstatt sich durch Evolution der

Umwelt anzupassen, formt er sie nach seinen Bedürfnissen um. So haben wir heute etwa gegen viele Krankheiten Medizin. Und wenn das Ozonloch grösser wird, benutzen wir einfach stärkere Sonnencrème. Doch bedeutet das nicht, dass wir uns als Spezies nicht mehr weiterentwickeln. Im Gegenteil: Unser Körper hat sich durch die Entwicklung der Kultur geradezu im Eiltempo verändert – und tut es nach wie vor.

So lässt sich zum Beispiel von fossilen Funden ableiten, dass wir unser heutiges Aussehen wie auch unsere Intelligenz – so absurd das klingen mag – zu grossen Teilen einer ganz spezifischen Kulturtechnik verdanken: dem Kochen. Denn die dabei vonstatten gehende «Vorverdauung» des Essens hilft uns, es einfacher aufzunehmen und beim Verdauen Energie zu sparen. Es waren also plötzlich nicht mehr so grosse Zähne nötig. Auch brauchten wir keinen so langen Darm mehr. Becken, Brustkorb und Kiefer wurden folglich immer schmaler, unser Mund kleiner. Und die bei der Verdauung eingesparte Energie konnte anderweitig verwendet werden: Während unsere Vorfahren ihr Gehirn über Jahrmillionen in relativ geringem Mass vergrösserten, wuchs es in der Zeit, in der der Mensch das Kochen entdeckte – also vor rund zwei Millionen Jahren – innerhalb von nur 300 000 Jahren um gute 50 Prozent. Wie stark dieses Wachstum an die Möglichkeit einer effizienten Energieaufnahme gekoppelt war, machen Zahlen deutlich: Der Mensch verbraucht im Ruhezustand rund einen Viertel seiner Energie für den Stoffwechsel im Gehirn – deutlich mehr also als die acht bis zehn Prozent, die nichtmenschliche Primaten, und noch mehr als die drei bis fünf Prozent, die andere Säugetiere dafür aufwenden müssen. Noch extremer ist das Verhältnis bei Embryonen und Kleinkindern, bei denen das Gehirnwachstum 60 bis 70 Prozent der verfügbaren Energie verbraucht, was Müttern nochmals ungleich mehr Ressourcen abverlangt.

Während Schimpansen über die Hälfte ihrer Wachzeit mit Kauen verbringen, konnte der kochende Mensch seine Zeit zudem plötzlich ganz anders nutzen, unter anderem zur Entwicklung von Ackerbau und Viehzucht, was seine Nahrung immer noch reichhaltiger werden liess – und die Frauen stetig fruchtbarer machte, was mit ein entscheidender Faktor für das immer stärkere Bevölkerungswachstum der Menschen war. Jäger und Sammler gab es schätzungsweise bloss um die acht Millionen, also etwa so viele wie heute Schweizer.

Infolge der Viehzucht entwickelte sich auch erst die Laktosetoleranz, die heute drei Viertel der Weltbevölkerung aufweisen: Die Milchwirtschaft war für den Menschen eine solch entscheidende Lebensgrundlage, dass sich ein Gendefekt durchsetzen konnte, mit dessen Hilfe es nicht nur Kindern, sondern auch Erwachsenen möglich ist, Milch zu verdauen. Und später begünstigte Alkohol als Medizin eine genetisch bedingte Trinkfestigkeit. Denn Bier und Wein dienten in Europa bis ins 19. Jahrhundert als Desinfektionsmittel gegen verseuchtes Trinkwasser. Wer über ein Enzym verfügte, das Alkohol abbauen kann, war also klar im Vorteil.

BESCHLEUNIGUNG DER EVOLUTION DURCH KULTUR

Die Entwicklung der Kultur hat den Prozess der Evolution dabei stark beschleunigt. So schätzt der Anthropologe John Hawks aufgrund einer gross angelegten DNA-Studie, dass die natürliche Selektion in den letzten 5000 Jahren rund hundertmal schneller Veränderungen nach sich zog als zu irgendeiner anderen Zeit der menschlichen Evolution. Dies vor allem, da mit der Bevölkerung auch die Chance auf genetische Mutationen stetig wuchs, sich in den immer grösseren Gemeinschaften Krankheitsresistenzen schneller ausbreiteten und im Post-Jäger-und-Sammler-Leben weniger robuste Knochen nötig waren – in den letzten 4000 Jahren reduzierte sich die Knochenstärke um 15 Prozent, also den gleichen Wert, für den vorher rund zwei Millionen Jahre gebraucht worden waren.

Da der kulturelle Wandel sich aber stets weiter beschleunigt, hinkt die Evolution dem Tempo, in dem sich unser Umfeld verändert, zunehmend hinterher – mit teils harmlosen Folgen, teils jedoch auch erheblichen Risiken für unsere Gesundheit. So sind wir evolutionär zum Beispiel noch immer darauf programmiert, angesichts eines üppigen Mahls über den Hunger hinaus zu essen, um in Zeiten des Mangels vom angelegten Polster zehren zu können. Und im Zeitalter des Überflusses, in dem zudem kaum mehr Bewegung nötig ist, zeitigt das natürlich Folgen: Die Zahl der fettleibigen Menschen hat sich in den letzten 30 Jahren nahezu verdoppelt – auf eine halbe Milliarde weltweit. In den USA leiden gar bereits 36 Prozent unter der Volkskrankheit Adipositas, Tendenz rasch steigend.

Das ist – neben der allgemein besseren Ernährung – auch der Grund dafür, dass Mädchen immer früher in die Pubertät kommen. Momentan verschiebt sich in Industrienationen der durchschnittliche Zeitpunkt der ersten Regelblutung jedes Jahrzehnt um drei bis fünf Monate nach vorn. Denn angelegte Fettzellen produzieren – das ist genetisch programmiert – ein Protein, das die körperliche Reifung beschleunigt, sobald genügend Ressourcen für eine Schwangerschaft bereitstehen. Zudem erhöht das Übergewicht – zum Teil massiv – das Risiko für Herz-Kreislauf-Erkrankungen, Alzheimer, Allergien, Brustkrebs, Rheuma oder ganz besonders auch für Diabetes mellitus: Die Anzahl der weltweit Erkrankten wird bis 2025 voraussichtlich eine Steigerung um 75 Prozent erfahren, auf 325 Millionen Patienten.

Aber nicht nur unsere Nahrungsmittelindustrie und das daran gekoppelte Essverhalten, auch andere Kulturtechniken haben unschöne Nebenwirkungen. So ist etwa der Internetexperte Nicolas Carr überzeugt, dass das tägliche Surfen im Netz, bei dem wir uns quasi nur noch von Link zu Link klicken, die Fähigkeit des linearen Denkens, das langfristige Speichern von Informationen, die Konzentrationsfähigkeit und die Kreativität schwächt. Und da wir immer mehr Zeit vor Computerbildschirmen, Smartphones und Tablets verbringen, ist in den Industrienationen inzwischen ein Drittel der Bevölkerung kurzsichtig; in Asien liegt der Anteil sogar bereits bei 90 Prozent. Der Grund: Der Augapfel, nach der Geburt noch verkürzt, wächst nicht nur so lange weiter, bis er die der Normalsichtigkeit entsprechende Grösse erreicht hat, sondern noch weiter in die Länge. Nur so kann er vor Nahobjekten ohne anstrengende Anpassungsleistung noch ein vernünftiges Bild auf der Netzhaut erzeugen, was allerdings ein erhöhtes Risiko für Netzhautschäden und mitunter gar Erblindung mit sich bringt.

Diese – physischen wie psychischen – Erscheinungen sind zwar nicht in unserer DNA verankert. Doch solange das kulturelle Umfeld konstant bleibt, entwickeln sie sich beinahe so zuverlässig, als wären sie in unser Erbgut eingeschrieben. Und durch das Prinzip der Epigenetik könnte unser Verhalten – so zumindest Essgewohnheiten oder auch Alkoholkonsum – womöglich auch langfristig unser Erbgut mitbestimmen; das wird die Forschung der Zukunft zeigen.

INTELLIGENTE KLEIDUNG UND HIRNCHIPS
MIT GIFTSENSORIK

Als wirkliche Bedrohung empfinden das zwar nur wenige. Denn wenn gewisse Entwicklungen nicht sinnvoll oder gar nachteilig sind, können wir sie mittels immer neuer Kulturtechniken – etwa Medikamenten zur Konzentrationssteigerung, Brillen oder Herzschrittmachern – schliesslich einfach abfedern, bis sie uns kaum mehr einschränken. Gerade dadurch werden die entsprechenden Schwächen aber noch einmal zementiert: Da sie sich nicht nachteilig auf die Überlebenschance auswirken, fallen die Veranlagungen dazu nicht mehr der Selektion zum Opfer. Zudem besteht schlichtweg zu wenig Druck, um das Verhalten, das ihre Entwicklung begünstigt, zu ändern.

Dabei könnten wir die Kulturtechniken, die uns zur Verfügung stehen, auch anders nutzen als primär zur Symptombekämpfung – zum Beispiel, indem wir mit ihrer Hilfe in gewisser Weise den Selektionsdruck simulieren, der aufgrund von Medizin und Technik heute ungleich weniger auf uns wirkt: Um bewusster zu machen, welche Mechanismen im Falle seiner uneingeschränkten Gültigkeit zur Anwendung kämen, wären bereits mehr Aufklärung in der Schule oder bessere Transparenz bei Lebensmitteln hilfreich – sei es auf Verpackungen oder durch die Weiterentwicklung von Apps, die Kalorien- wie Vitamingehalt von Nahrungsmitteln errechnen, wenn man sie vor sein Smartphone hält. Dem Instinkt des Sichüberessens könnte aber auch intelligente Kleidung entgegenwirken, deren eingebaute Sensoren uns warnen, wenn wir wieder einmal deutlich mehr Kalorien zu uns genommen haben als verbraucht.

Eine radikalere Möglichkeit wäre, sogar da anzusetzen, wo auch die Evolution selber womöglich greifen würde, dem Menschen mit Hilfe der Technologie also Eigenschaften zu verleihen, die er in seinem selbst geschaffenen Umfeld braucht. Über diesen Ansatz denkt unter anderen auch Harvard-Professor Daniel Goleman nach, der bereits das Schlagwort der «emotionalen Intelligenz» geprägt hat und nun für die künstliche Erschaffung einer «ökologischen Intelligenz» plädiert. Er träumt davon, einen Chip ins Gehirn implantieren zu können, der – vergleichbar etwa mit dem Geschmackssinn für Bitteres, der uns vor der Einnahme giftiger Früchte und Pflanzen bewahrt – menschgemachte Giftstoffe aus Luft oder chemischen Produkten detektiert, mit denen wir unserem Körper womöglich bleibenden Schaden zuführen, für deren Wahrnehmung uns aber das Sinnesorgan fehlt. Das ist zwar noch absolute Science Fiction. Ein nur allzu heutiger Fakt aber ist: Die Steinzeit steckt uns noch immer in den Genen. Dagegen hilft bis heute keine Medizin.

Michèle Wannaz ist Abstrakt-Redakteurin und Projektleiterin bei W.I.R.E. Davor studierte sie Film- und Literaturwissenschaft, war als Journalistin unter anderem für die «Neue Zürcher Zeitung» tätig und publizierte Aufsätze und Bücher zu kulturwissenschaftlichen Themen.

Weiterführende Literatur

Leonard, William R. (2002):
Food for Thought – Dietary Change was a Driving Force in Human Evolution.
In: Scientific American (13.11.)

Wrangham, Richard (2009):
Feuer fangen – Wie uns das Kochen zum Menschen machte.
Eine neue Theorie der menschlichen Evolution

DER SYMBIONT

Die Mikrobiologie ist zur Leitwissenschaft geworden und ermöglicht es, sich schneller und besser an die Anforderungen der Umwelt anzupassen. Anzüge aus symbiontischen Mikroben helfen, verschmutzte Luft und Schadstoffe zu filtern. Ein Teil der Menschheit hat aufgrund der Raumknappheit und des Dichtestresses begonnen, den Meeresgrund zu bevölkern. Die Symbionten filtern Sauerstoff aus H_2O und ermöglichen so das Atmen unter Wasser.

AUF ZUM MIKROBENMENSCHEN

Gespräch mit Bruce Sterling
Von Stephan Sigrist und Michèle Wannaz

Der Science-Fiction-Autor Bruce Sterling glaubt, dass wir Mikroben züchten werden, die uns zu menschlichen Superwesen machen. Die «Fittesten» von morgen werden aber die sein, die sich morgens überhaupt noch aus dem Bett quälen mögen.

Als Science-Fiction-Autor befassen Sie sich ständig mit der möglichen Weiterentwicklung des Menschen. Was erwartet uns aus Ihrer Sicht tatsächlich?

Nun, vielleicht fange ich besser mit einer Entwicklung an, mit der ich nicht rechne, obwohl sie in der Science-Fiction-Literatur ein beliebter Topos ist: Ich glaube nicht, dass wir in Zukunft an uns selbst genetische Modifikationen vornehmen können, wo und wie auch immer wir gerade Lust haben. Wir werden unsere Babys nicht einmal eben schnell upgraden oder unsere Freundin mit einer Pille blondieren und ihr blaue Augen verpassen, wenn uns die braunen verleidet sind.

Welches Szenario finden Sie denn realistisch?

Statt an unserem eigenen Erbgut herumzuwerkeln, werden wir unsere Darmbakterien und andere Mikroben zähmen. In jedem von uns leben Billionen von Mikroorganismen, etwa ein Kilogramm pro Mensch. Die sind viel einfacher genetisch zu manipulieren als der Mensch selbst – erstens, weil sie viel weniger komplex sind, und zweitens, weil sie sich alle zwei Minuten vermehren. Wenn Sie also etwas mit DNA machen wollen, dann nehmen Sie Mikroben-DNA. Damit kann man fantastische Dinge tun. Denken Sie nur an Synthia aus dem Labor von Craig Venter: die erste Zelle, die mittels künstlich hergestellter DNA gesteuert wird und sich erst noch selbst vermehren kann. Wir werden in Zukunft wohl noch einen Schritt weitergehen, sprich neue genetische Codes entwerfen und in Gastzellen transplantieren, deren Verhalten wir so richtiggehend diktieren können. Zum Beispiel könnten wir uns Zellen einpflanzen, die bei Bedarf sofort Medizin ausschütten oder sonst irgendetwas tun, das auch unsere DNA potenziell leisten könnte.

Wir müssen uns also gar nicht selbst an die veränderte Umwelt anpassen? Die Manipulation von Mikroben ersetzt die menschliche Evolution?

Nun, was tun unsere Gene denn eigentlich? Sie produzieren Proteine, ändern die Form und Funktion von Zellen. Um zum erwünschten Resultat zu kommen, müssen wir diese Zellen also einfach fixfertig zu uns nehmen. Vielleicht tun wir das bald schon wie einen Becher Joghurt löffeln. Und das Beste daran: Es stellt uns nicht einmal vor ethische Probleme. Mikroorganismen sind nicht komplex genug, um Schmerzen empfinden zu können. Ausserdem sind die Viecher so klein, dass wir sie gar nicht sehen, also auch keine emotionale Beziehung zu ihnen haben. Sie werden nicht einmal in der Bibel erwähnt. Wir können ihnen also antun, was wir wollen. Es gibt keine Mikrobenschützer, die aufschreien werden: «Nein, lassen sie mein Baby-Bakterium in Ruh!»

Sie glauben also, wir werden die Welt der Bakterien bald schon komplett beherrschen?

Nein, das wird nicht passieren. Denn wenn wir die absolute Kontrolle über Mikroben hätten, könnten wir uns selbst vollkommen neu erfinden und zu nie dagewesenen Wesen formen. Und wenn wir das tun könnten, warum sollten wir dann überhaupt noch menschlich sein wollen? Es gäbe dann gar keine Menschen mehr.

Wenn wir nun aber menschlich bleiben: Welche Möglichkeiten bietet die Technologie denn noch, um den Menschen auf eine nächste Stufe der Evolution zu heben?

Sicherlich interessant ist natürlich das Projekt der Verlängerung des Lebensalters, dessen prominentester Vertreter wahrscheinlich Aubrey de Grey ist. Er ist fest davon überzeugt, dass wir den Alterungsprozess verlangsamen und schliesslich wohl sogar stoppen können, was uns unsterblich werden liesse. Erstens, indem wir Abfallprodukte des Stoffwechsels, die sich im Lauf des Lebens anhäufen und zu quälenden Problemen führen können, beseitigen. Und zweitens, indem wir Fehler bei der Zellerneuerung, also Mutationen bei Kopien, reparieren. Das wird zwar sicher nicht in einem einzigen Schritt gelingen, sondern höchstens in sehr vielen kleinen. Doch kann ich mir tatsächlich vorstellen, dass bald schon die ersten Mäuse nicht mehr altern oder sogar Zeichen der Verjüngung zeigen. Und wenn es bei Mäusen klappt, wird es auch beim Menschen einst möglich sein.

Sie halten es also für wahrscheinlich, dass die Spezies Mensch einst ewig jugendlich bleibt?

So einfach ist es nun auch wieder nicht. Da das Altern von einer Vielzahl unterschiedlicher Gene gesteuert wird, glaube ich vielmehr, dass sich einzelne Prozesse aufhalten lassen, andere aber nicht. Eine 90-jährige Frau könnte zum Beispiel wunderbar zarte, faltenfreie Haut haben, aber dennoch blind und taub sein.

Wenn wir nun aber, allen technischen Möglichkeiten zum Trotz, davon ausgehen, dass das Prinzip Evolution weiterhin greift: Welche Fähigkeiten werden sich Ihrer Meinung nach dann langfristig durchsetzen?

Ach, ich glaube, Fähigkeiten sind überschätzt. Wenn es allein danach ginge, müssten Japan und Schweden ja längst die Weltherrschaft übernommen haben. Diese Länder sind praktisch zu 100 Prozent alphabetisiert, die Menschen sehr gebildet, ihre Ärzte die vielleicht besten der Welt. Ich will damit nicht sagen, dass wir nicht anstreben sollten, gewisse Fähigkeiten zu haben. Aber die tollsten Talente nutzen mir nichts, wenn ich am Morgen keinen Grund sehe, mich aus dem Bett zu quälen. Das sieht man doch an jeder privaten Kunstschule: Die reichen Eltern finanzieren das Designstudium ihrer Kinder, die vielleicht sogar noch begabt sind. Aber es fehlt der elementare Antrieb, etwas schaffen zu müssen, da sie schon alles haben. Die Menschen brauchen einen Sinn, der ihnen Lebenskraft verleiht. Erst so entscheidet sich die Frage: Stehe ich auf und baue ein schönes Haus oder saufe ich mich lieber zu Tode?

Der Mensch der Zukunft sollte also nicht wirklich anders sein als der heute, einfach etwas enthusiastischer?

Ich glaube nicht an den «Menschen der Zukunft» in dem Sinne, dass dann alle identisch sind. Wir müssen nicht alle dieselben Fähigkeiten entwickeln, um überleben zu können. Wichtig ist vielmehr, dass jeder die Talente, die er hat, zugunsten des Gemeinwohls einsetzt und somit die Menschheit als Ganzes weiterbringt. Ein gutes Beispiel dafür ist die Samtene Revolution, die der Tschechoslowakei den Systemwechsel zur Demokratie brachte: Ohne die Revolutionäre rund um Václav Havel wäre dieser Umbruch nicht zustande gekommen. Das waren aber alles Hippies, Musiker, Dichter und Philosophen, die keine Ahnung davon hatten, wie man einen Staat führt. Dafür brauchte es Politiker. Und zum Politiker geboren ist nun einmal nicht jeder: Du musst charismatisch sein, die Menschen müssen dir glauben, wenn du etwas sagst, du musst gerne Zigarren rauchen und dich selbst mit deinen schlimmsten Feinden so gut verstehen, dass sie nicht merken, dass sie deine schlimmsten Feinde sind.

Trotzdem wird die Menschheit sich verändern. Welche Rolle hat Science Fiction bei der Steuerung des Gangs der Welt? Kann sie durch die Erschaffung von künftigen Welten, in denen wir leben oder eben nicht leben wollen, unser Tun langfristig beeinflussen?

Menschen denken nicht wirklich langfristig. Niemand verändert sein Leben, weil Bruce Sterling schreibt, in soundso vielen hundert Jahren könnte das und das sein. In wirklich ferner Zeit werden sowieso Galaxien explodieren, die Sonne erlöschen, und nichts, was wir kennen, wird mehr da sein. Diese Aussicht kümmert heute aber kaum jemanden.

Das ist viel zu abstrakt und auch viel zu weit weg, selbst wenn ich es noch so eindrücklich schildern würde. Direkt beeinflussen tun wir Schriftsteller in der Regel ja ohnehin nicht. Wir erteilen keine Befehle. Und egal, was du sagst oder schreibst: Die Leute machen mit den Dingen in ihren Köpfen ja sowieso, was sie wollen. Wenn Sie wüssten, wie oft schon Leser zu mir kamen und sagten: «Hey, schau einmal! Ich habe dieses verrückte Ding aus deinem Buch tatsächlich gebaut, es ist hier in dieser Box!» Und dann war es etwas vollkommen anderes, als ich beschrieben hatte. Aber immerhin: Es hat sie inspiriert. Und damit kann ich gut leben.

Bruce Sterling ist ein US-amerikanischer Science-Fiction-Autor und führender Kopf der Cyberpunkbewegung. Seine Romane und Erzählungen wurden mehrfach preisgekrönt. Zu seinen bekanntesten Werken gehören «Schismatrix» (1989) und «Die Differenzmaschine» (mit William Gibson, 1992), aber auch Kurzgeschichtensammlungen wie «A Good Old-Fashioned Future» (1999) oder «Visionary in Residence» (2006). Aufmerksamkeit erlangte Sterling auch durch sein politisches Engagement. 1992 veröffentlichte er sein erstes Sachbuch mit dem Titel «The Hacker Crackdown – Recht und Unordnung im Elektronischen Grenzland».

DER RESSOURCEN-
EFFIZIENTE

Das Leben in Zeiten von Knappheit hat dazu geführt, dass sich Menschen mit weniger Ressourcenbedarf besser durchsetzen. Eine reduzierte Körpergrösse und flexible Knochenstrukturen erlauben es, besser mit dem minimalen Raumangebot in den Kleinstwohnungen der Megalopolen und der Rationierung von Lebensmitteln und Wasser umzugehen.

VON SEX, INDIVIDUALITÄT UND TOD

Mensch und Sex gehören zusammen. Dies wird sich auch in Zeiten moderner Fortpflanzungstechnologie nicht ändern. Denn nur Sex garantiert die Fülle an Variationen, die unserer schwächlichen Spezies den evolutionären Vorsprung bringt.

Von Gerd Folkers

Die Zeiten, in denen mein Geburtstag auf einen katholischen Feiertag fiel, der bei uns Mariä Verkündigung hiess, scheinen leider vorbei. Die «Verkündigung» hat sich kaum irgendwo als Feiertag halten können. Dafür mögen gute volkswirtschaftliche Gründe sprechen, vielleicht ist aber auch die Aufgeklärtheit – oder sollte man sie Abgeklärtheit nennen – der modernen Gesellschaft dafür verantwortlich. Die Jungfernzeugung kann man heute niemandem mehr ernsthaft verkaufen. Schon die Kleinsten spielen im Kindergarten unter dem wohlwollend wachen Auge des Gesetzes mit aufklärenden Puppen.

Wie üblich erweist sich aber die Abgeklärtheit durch Aufklärung als ein dünnes Brett. Eine unvoreingenommene Betrachtung der Vermehrungsriten im Königreich der belebten Natur enthüllt Jungfernzeugung und Jungfrauengeburt in grosser Zahl und vielfältigen Varianten von Fliegen und Echsen zu Truthähnen und Hammerhaien. Beim Menschen listet die Literatur zugegebenermassen nur einen einzigen Fall, was im Zeitalter des potenziellen Klonens womöglich aber bald schon zur Definitionssache wird. Denn natürlich haben wir Menschen von den Vorgängen um Zeugung und Empfängnis ein klassisch anthropozentrisches Weltbild zementiert: ohne Sex keine Nachkommen. Und Sex ist der Geschlechtsakt zwischen Mann und Frau, die Abgabe von Spermien, das Empfangen derselben und die darauffolgende Befruchtung eines bereitgehaltenen Eis, das sich zu einem hübschen Baby entwickelt und die Züge der Eltern trägt.

WELCHER SEX FÜR WELCHE NACHKOMMEN?

Bei den Bienen zum Beispiel, deren Bestäubungsritual von Blumen allenthalben als Metapher für menschlichen Sex herhalten muss, stellt sich die Realität völlig anders dar. Die Königinnen haben die Fähigkeit, zwei ihrer haploiden[1] Eizellen miteinander zu verschmelzen und somit ohne männliches Zutun diploide Nachkommen, logischerweise alles Töchter, zu zeugen, die allerdings kaum genetische Variationen aufweisen. Das ist für eine Thronfolge fein ausgedacht und hätte manches menschliche Herrscherhaus vor grösseren Schäden bewahrt.

Wie aber stimmt das mit der Evolution überein, die auf natürlicher Selektion und damit auf bester Anpassung beruht? Und Letztere vor allem darauf, dass sich bei der Vererbung etwas ändert und neue Merkmale entstehen?

Bei mehr als 200 Vogelarten und etwa 120 Säugerarten findet man soziale Strukturen, bei denen ein Teil der Individuen zumindest zeitweise auf eine eigene Repro-

---

1 Haploid bezeichnet das Vorhandensein eines einfachen Satzes an Chromosomen in einer Zelle. Beim Menschen sind das 23 Stück (Frau: 22+x ; Mann: 22+y). Normale Körperzellen haben den doppelten Chromosomensatz (diploid), Geschlechtszellen den einfachen.

duktion verzichtet und stattdessen Artgenossen bei deren Reproduktion unterstützt. Dies steht in scheinbarem Widerspruch zu Darwins Thesen. Untersuchungen dieser Helfersysteme haben jedoch gezeigt, dass diese Hilfe meist umso stärker erfolgt, je näher die Helfer mit dem aufzuziehenden Nachwuchs verwandt sind. Da ein Teil des Genoms von Helfer und aufgezogenem Fremdnachwuchs identisch ist, erreicht der Helfer also trotz Verzichts auf eigene Reproduktion eine Weitergabe eines Teils seines Genoms. Bei Ameisen und sozialen Faltenwespen verzichtet der grösste Teil der Weibchen lebenslang auf eine eigene Fortpflanzung. Trotzdem sind diese evolutionär nicht weniger «fit», da sie aufgrund einer genetischen Besonderheit mit ihren Schwestern näher verwandt sind als mit potenziellen eigenen Nachkommen. Bei der Aufzucht von Schwestern geben sie also einen grösseren Teil ihres Genoms weiter als bei der Aufzucht eigener Töchter.

Genetische Betrachtungen sind von ihrer Umgebung nicht zu trennen. Bei Bienen und Ameisen verfügen sexuell reproduzierte Arbeiterinnen über genetische Varianten, die sich bei geänderter Umgebung durchsetzen, besser angepasst sind und in der feindlichen Umwelt weiterhin Nahrungsmittelbeschaffung und Nestbau erlauben. Im Inneren des Staats hat aber die Königin die Umgebung allein gestaltet. Zum einen, weil eine häufige genetische Variation ein stabiles Staatswesen gefährden würde. Zum andern, weil Fortpflanzung viel Energie benötigt. In einer möglichst konformen, einfachen Struktur im Inneren eines Nests kann enorm Energie durch konforme Nachkommen gespart werden. Ausserdem entfallen viel Ärger und Lauferei bei der Suche nach geeigneten Sexualpartnern – eine weitere gewaltige Energieersparnis. Wachstum ist garantiert und die Ressourcen werden geschont. Warum machen wir Menschen das nicht? Sind die Insekten, viele Vögel und Säuger uns nicht weit überlegen?

MAXIMALE KOMPLEXITÄT

Hier sei ein Gedanke eingebracht, der sich in der Evolutionsbiologie grosser Unbeliebtheit erfreut, nämlich derjenige
der Ausnahmestellung des Homo sapiens sapiens. Damit
ist nicht eine Stellung ausserhalb der biologischen Evolution gemeint, aber ein vorläufiger Kulminationspunkt. Die
Fülle an menschlichen Varianten – an Individualität – ist
übergross. Und die Kombination zahlreicher Fähigkeiten
der einzelnen Individuen innerhalb einer Gemeinschaft zur
Umsetzung von Lebensstrategien ist einzigartig. Damit ist
eine bisher maximale Komplexität erreicht und es liegt
nahe, dass genau dies eine der Triebkräfte der Evolution ist.
Denn Systeme mit höchster Komplexität haben den Vorteil
hoher Widerstandsfähigkeit, gepaart mit hoher Innovati-
onsfähigkeit.

So ist der Mensch in seinen natürlichen Fertigkeiten oft zwar weit weniger gut als andere Exponenten der
belebten Natur, aber er beherrscht als Spezies insgesamt
viel mehr dieser Fertigkeiten. Das herausragende Merkmal
ist die Ausdauer. Menschen sind schlechte, aber sehr ausdauernde Schwimmer, schlechte, aber sehr ausdauernde
Läufer und Bergsteiger. Daneben Sänger, Kaufleute, Konst-
rukteure, Phantasten und Lügner. Sie können Pläne aushe-
cken, verhandeln, täuschen und Fallen stellen. In alldem
sind sie erfolgreich, weil sie ökonomisch und notwendigerweise kooperativ handeln. Das erfordert eine hochkomple-
xe Informationsverarbeitung. Die Evolution hat uns mit
einem entsprechenden Körper und einem passenden Hirn
ausgestattet und den aufrechten Gang ermöglicht. Dies
wiederum bringt Sprachfähigkeit durch einen dem Gang
angepassten Gaumen und Kehlkopf, selbst auf die Gefahr
hin, beim Reden während des Essens zu ersticken – eine aus

Ingenieurssicht unsinnige Konstruktion, die sich aber offensichtlich nicht als Selektionsmarker etabliert hat. Der aufrechte Gang ermöglicht uns auch Sex von Angesicht zu Angesicht und damit ganz neue soziale Strukturen, Verantwortungen, Tabus und Abhängigkeiten.

Die Erhaltung und Förderung dieser Individualität gelingt aber nur über Sex als geschlechtliche Reproduktion durch Träger möglichst komplementärer Eigenschaften innerhalb der gleichen Spezies. Da bleibt uns zwar noch die Wahl zwischen der althergebrachten geschlechtlichen Liebe und der modernen Medizinaltechnik, die durch künstliche Befruchtung genauso einen chromosomalen Austausch von Vater und Mutter vorbereitet. Beides ist aber sexuelle Fortpflanzung. Und nur sie garantiert Vielfalt.

Allerdings ist die sexuelle Fortpflanzung – und mit ihr die grösstmögliche Individualität – zu einem teuren Preis erkauft worden: dem Preis des einprogrammierten Tods, wie ihn die amerikanische Biologin Lynn Margulis bezeichnete. Denn Tod, im Unterschied zu rein körperlichem Sterben, bedingt das Verschwinden eines Individuums. Nur zu individuell wahrnehmbaren und damit eindeutig zu benennenden Vertretern einer Spezies existieren auch einmalige Beziehungen. Also hinterlässt auch nur Individualität eine Lücke. Das Verschwinden eines Einzelnen als einem unter Hunderten identischen Nachkommen fällt nicht einmal auf. Menschliche Sexualität bringt das Gegenteil: hohe Individualität – aber eben immer auch den Tod.

Was bedeutet dies für die Möglichkeiten sexloser Fortpflanzung? Spielen wir das Gedankenexperiment durch. Nehmen wir an, mittels moderner Fortpflanzungsmedizin vermehren wir uns bald über Klonierung; künstlich erzeugte Mehrlinge sind die Regel, also eine Reihe identischer Kopien für jedes Individuum. Nur: Ist es dann noch ein Individuum? Wie soll es als solches erkannt werden? Und ist der biologische Verlust, der Tod einer identischen Kopie weniger relevant als der Verlust des Originals? Dieses wäre – die zeit seines Lebens gemachten Erfahrungen einmal ausgeklammert – ja auch wieder zu kopieren. Gibt es damit überhaupt noch ein Original, dem nachzutrauern wäre? Nein. Deshalb der Schluss aus dem Experiment: Sex, Individuum und Tod sind aufs Engste verknüpft – und werden dies auch bleiben.

Wie genau die Zukunft unserer sexuellen Fortpflanzung aber aussieht, ist natürlich unklar. Künstliche Befruchtung, Merkmalsselektion und genetische Reparatur im Embryo sind Dauerthemen politisch-ethisch-wissenschaftlicher Kommissionen. Übernimmt bald rationaler Technosex die geschlechtliche Liebe und fragmentiert – in typischer ökonomischer Optimierung – Liebe, Erotik, Sex und Zeugung in voneinander ausgeschlossene «Jobs»? Der Gedanke ist alt. Gutmeinende Sozialreformer schlugen schon in den Zwanzigerjahren des letzten Jahrhunderts vor, sich für Liebe und Freundschaft eines Menschen zu bedienen, für Sex eine mit perfekten Robotern bestückte Institution aufzusuchen und für den Nachwuchs ein biologisches Forschungsinstitut mit angeschlossener Kinderklinik einzuschalten. Einsehbar, dass viel emotionaler Aufwand reduziert werden könnte und wir vielleicht einem glücklicheren, entspannteren Leben entgegensehen würden.

LERNFÄHIGKEIT IST GEFRAGT

Eine Ökonomisierung der Fortpflanzung und der sozialen Gemeinschaft im Sinne eines Fordismus mit standardisierter Massenproduktion und -konsumation von Sex und Nachkommen setzt allerdings eine Kenntnis über die natürlichen Vorgänge der Evolution voraus, die wir schlicht nicht besitzen. Und die wir wohl über lange Zeit nicht besitzen werden. Zwei kleine Beispiele aus der Natur sollen unser Unverständnis illustrieren:

Bestimmte Eidechsenarten in der Wüste New Mexicos vermehren sich durch Parthenogenese. Keine Männchen erwünscht und für ausschliesslich weibliche Nachkommen kann frau hier selber sorgen. Die Beobachtung zeigt, dass trotzdem Werbung und Liebesspiel der Jungfernzeugung vorangehen müssen, um eine besonders erfreuliche Nachkommenschaft zu haben. Was heisst das? Epigenetische, also durch den Kontext mitbestimmte Regulation von glücklichen Nachkommen? Das zweite Beispiel betrifft menschliche Zwillingsgeburten. Ein ganzes indisches Dorf und weltweit einige wenige Grossfamilien verblüffen die Fachwelt durch fast ausschliessliche Zwillingsgeburten. Und zwar durch eineiige Zwillinge, menschliche Klone, biologisch gesprochen. Wenn diese Zwillingsgeburten in dieser Form und nicht statistisch verteilt auftreten, dann legt das den Schluss nahe, dass nach der Zeugung die Entwicklung eines eineiigen Zwillingspärchens genetisch reguliert ist. Denn im Mittel kommt weltweit nur eine Zwillingsgeburt auf 40 normale Geburten und weniger als die Hälfte sind eineiige Zwillinge. Nur eins zu hundert. Was heisst das? Sind homozygote Mehrlinge eine «Laune» oder eine «evolutionäre Strategie»?

In beiden Fällen ist unsere Lernfähigkeit gefordert. Das heisst, wir müssen uns von Ideologien, Tabus und anderen moralischen Zwängen so befreien, dass ein offener gesellschaftlicher Diskurs darüber möglich wird, was diese Beobachtungen bedeuten. Naturromantik ist ebenso fehl am Platz wie blinder Glaube an technologischen Fortschritt. Es ist unmöglich, den Menschen von der Natur zu distanzieren. Und dass Natur mit Kultur zu überlisten sei, ist ein Aberglaube. Bescheiden sollten wir begreifen, dass all unsere kulturelle Überlegenheit eine simple Emergenz der Evolution ist, die dauernd weitergeht. Jeder kulturtechnische Eingriff in sexuelle Fortpflanzung löst als Reaktion ein kompensatorisches Geschehen an Orten und Zeiten aus, die wir nicht kennen. Da vertraue ich völlig den liberalen Ökonomen: Der Markt wirds schon richten, was nichts anderes heisst, als dass mit zu geringem Augenmass die Menschen zu den Kollateralschäden gehören könnten. Bei aller Schelte auf die Sozialwissenschaften, Geschichte und Psychologie, uns selbst erforschen wir immer noch viel zu wenig. Ob wir Bedeutungen für «Sex, sans Sex» finden oder sogar Handlungsanweisungen daraus erschliessen könnten, ist offen. Das ist für die Evolution völlig ok.

Prof. Dr. Gerd Folkers wurde 1991 als Professor für Pharmazeutische Chemie an die ETH Zürich gewählt. Er ist Mitglied des nationalen Forschungsrats der Schweiz und Geschäftsleitungsmitglied verschiedener Start-up-Unternehmen. Seit 2004 leitet er das Collegium Helveticum als gemeinsame Institution der Universität und der ETH Zürich.

DER AUSSTEIGER

Biologische Kriegsführung, der radikale Klimawandel oder der Verbrauch sämtlicher Rohstoffe hat zum unvermeidbaren Ende der Menschen geführt, die, genauso wie die Dinosaurier, von unseren Nachfahren in Museen ausgestellt werden. In einem alternativen Szenario ist die Menschheit dank ihrer wachsenden Intelligenz zur Einsicht gekommen, dass die Erde langfristig besser dasteht, wenn wir uns in eine spirituelle Wesensform transformieren und die irdische Welt zugunsten aller andern verlassen.

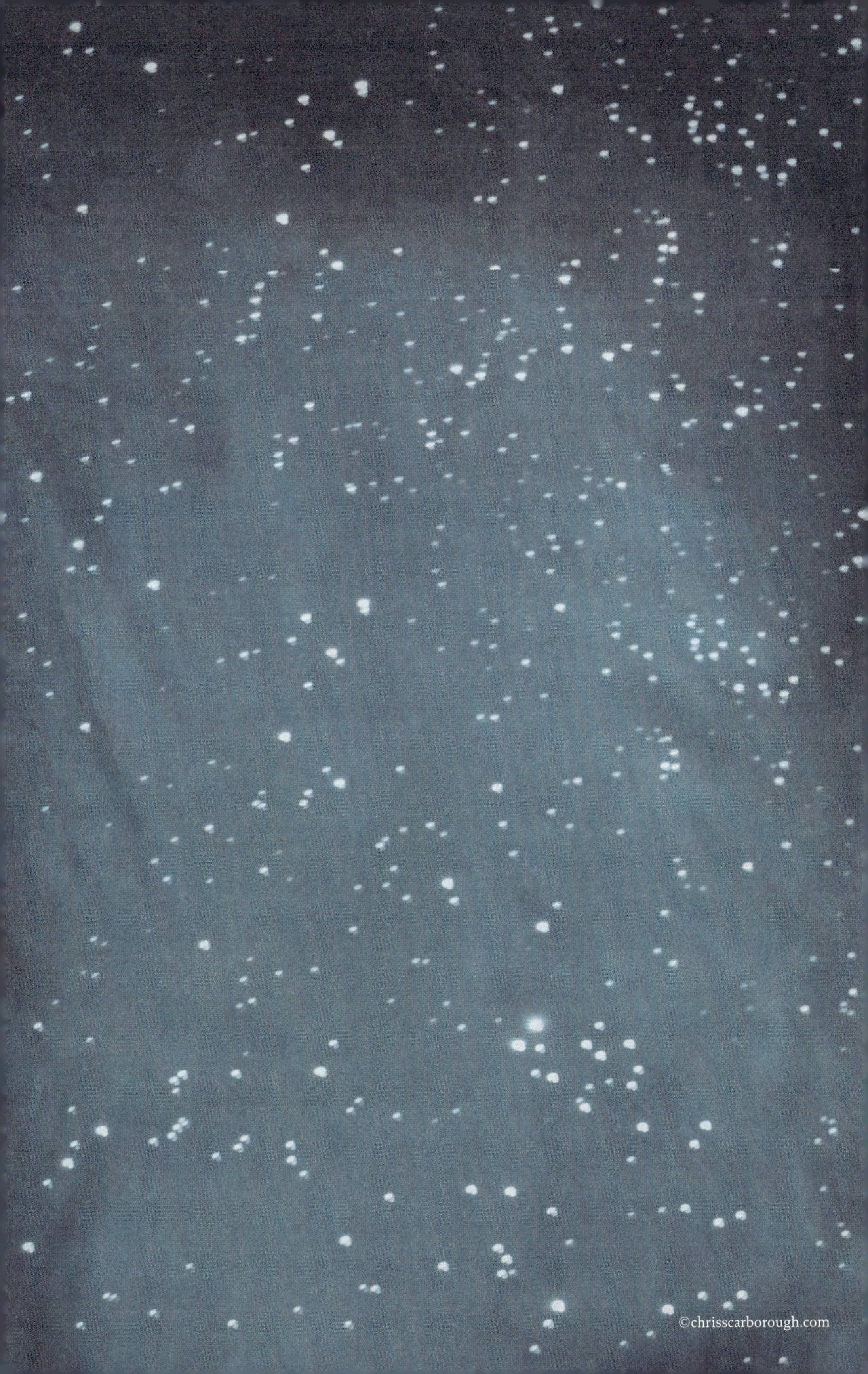

KUNST

Jenseits der Artengrenzen: Dystopische Evolutionsszenarien mit hyperrealistischen Skulpturen von Hybridwesen zwischen Mensch und Tier.
PATRICIA PICCININI
www.patriciapiccinini.net

FILM

Planet der Insekten: Ein fiktiver Wissenschaftler plädiert in der Science-Fiction-Dokumentation für die evolutionäre Überlegenheit der Kerbtiere. Ausschlaggebend sind Anpassungsfähigkeit, fehlende Emotionen, Unterordnung dem Gemeinwohl und zahlenmässige Überlegenheit.
WALON GREEN,
THE HELLSTROM CHRONICLE
(1971)

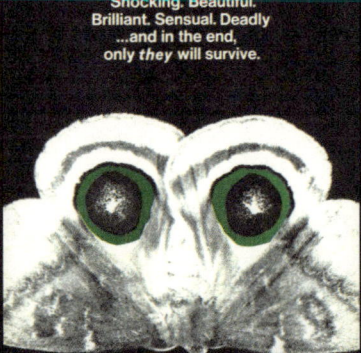

Shocking. Beautiful.
Brilliant. Sensual. Deadly
...and in the end,
only *they* will survive.

THE
HELLSTROM
CHRONICLE

Hymne der Evolution: Die australischen Musiker von PVT liefern auf der LP «Homosapien» den Soundtrack für unsere nahe und ferne Zukunft zwischen synthetischer und organischer Evolution.

PVT, HOMOSAPIEN (2013)

FILM

Genetische Selektion: Science-Fiction-Parabel über die Menschlichkeit in Zeiten radikaler Gentransparenz.

ANDREW NICCOL, GATTACA (1997)

KUNST

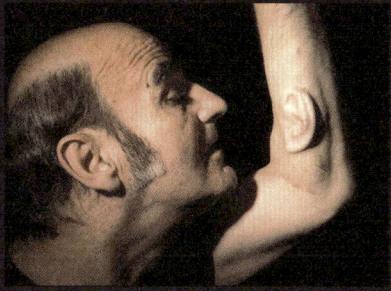

Lebendiger Cyborg: Performancekünstler Stelarc sprengt mit seinen Selbstversuchen die Grenzen von Medizin und Ethik. Das aus menschlichen Zellen gezüchtete Ohr am Arm, das zwar nicht hören, dafür aber selbst Töne erzeugen kann, repräsentiert eine partielle, eigenständige Lebensform, die unsere Zukunft als Ganzheit in Frage stellt.

STELARC

http://stelarc.org

Liebeserklärung an die Natur:
Reto Ehrbars nach 15 Jahren intensiven
Schaffens entstandenes Bilderbuch für Alt und Jung
erzählt – ganz ohne Worte – eine zeitlose
Geschichte vom Werden und vom Vergehen, von
Gesellschaft und Natur, von der Hybris
der Menschen und von der Kraft und der
Wandelbarkeit der Welt. «Es war einmal eine Welt»
– so lautet der einzige Satz dieser
poetischen Liebeserklärung an die Natur.
RUGABU

www.bilgerverlag.ch/index.php/Buecher/Reto-Ehrbar-RUGABU

KUNST

Der flexible Mensch: Der Pekinger Künstler widmet sich der Anpassung
als Grundprinzip der Evolution in Form seiner bizarren Skulpturen,
bestehend aus Tausenden von Papierschichten.
LI HONGBO, PAPER SCULPTURES

Der Rapguide zur Evolution: Der Wissenschafts-
rapper Baba Brinkman interpretiert Darwins
Evolutionstheorie auf verständliche Weise. In seiner
Formulierung liefert die natürliche Selektion «das
Beste vom Besten vom Besten vom Besten».

BABA BRINKMAN, THE RAP GUIDE
TO EVOLUTION (2009)

rapguidetoevolution.co.uk/natural-selection

Der Musiker als Cyborg: Videokünstler Chris Cunningham setzt einen
hyperaktiven, kinetischen, sechsarmigen Affen als Protagonisten zur
Interpretation eines Musikstücks des Electronicapioniers Aphex Twin ein.
Multitasking für das 22. Jahrhundert.

MONKEY DRUMMER, CHRIS CUNNINGHAM /
APHEX TWIN (2001)

www.youtube.com/watch?v=u1ZGIrNf71Q

Der Mensch nach dem Menschen:
Ein Geologe und ein Zeichner spüren
der Fortschreibung der menschlichen
Evolution in den nächsten fünf Millionen
Jahren mit Horrorkörperszenarien nach.

DOUGAL DIXON
UND PHILIP HOOD,
MAN AFTER MAN:
AN ANTHROPOLOGY OF THE
FUTURE (1990)

AHNENGALERIE
DER ZUKUNFT

—

Mechanismen und Szenarien der menschlichen Evolution

WAS SIE SCHON IMMER ÜBER DIE EVOLUTION WISSEN WOLLTEN

Die Evolutionstheorie vermag es, einen Teil der Mechanismen hinter dem Wunder der Natur verständlich zu machen. Sie liefert Hinweise darauf, wie sich das Leben entwickelt und wie der Mensch zu dem geworden ist, was er heute ist – warum wir ein Grosshirn besitzen, weshalb der aufrechte Gang vorteilhaft ist und wir selbst im 21. Jahrhundert gewisse Verhaltensweisen an den Tag legen, die im groben Gegensatz zu unserer vermeintlichen Zivilisiertheit stehen.

Während wir mit Darwins Evolutionstheorie unsere Entstehungsgeschichte besser verstehen können, ist sie für den Blick nach vorne aber weniger hilfreich. Aufgrund der langen Zeitdauer, die evolutionäre Anpassungen erfordern, und der grossen Zahl von Einflussfaktoren, die unsere Weiterentwicklung prägen, lassen sich kaum wissenschaftlich fundierte Prognosen erstellen. Trotzdem gibt es Anzeichen, die auf gewisse Zukunftsszenarien des Homo sapiens hindeuten. So sind zwar viele Faktoren, die die Evolution des Menschen in der Vergangenheit beeinflusst haben, weggefallen. Nahrungsknappheit, wilde Tiere, Kälte und Hitze können uns heute nur noch wenig anhaben; entsprechende Überlebensmerkmale sind unnötig geworden. Doch an ihre Stelle sind neue Rahmenbedingungen getreten, die unsere Spezies stark prägen könnten. So haben wir mehr Essen, als wir brauchen, Technologien erleichtern uns die Kommunikation, über die Hälfte der Menschen leben in Megastädten auf stets engerem Raum und in immer verschmutzterer Luft.

Was diese Umweltbedingungen für die menschliche Evolution genau bedeuten, ist ungewiss. Dass dadurch aber neuen Selektionskriterien entstehen könnten, ist höchst wahrscheinlich. In der Metamap wagen wir einen Ausblick auf die langfristige Zukunft des Menschen. Basierend auf den aus heutiger Sicht dominanten Rahmenbedingungen, die unsere Welt in den nächsten Jahrhunderten prägen dürften, und Hinweisen aus den Beiträgen dieses Buchs wurden acht Szenarien für den Menschen von morgen entwickelt, die mögliche Fluchtpunkte des Homo sapiens umschreiben. Diese Porträts unserer Nachfahren wurden in einer «Ahnengalerie der Zukunft» durch den US-amerikanischen Künstler Chris Scarborough in Form von Ölgemäl-

EVOLUTIONSFAKTOREN

MUTATION

Veränderung des Erbguts durch Zufall oder äussere Einflüsse

EPIGENETIK

Aktivierung oder Hemmung von Genen durch den Lebensstil

SEXUELLE REKOMBINATION

Austausch von Genen zwischen zwei Menschen

MIGRATION

Vergrösserung des Genpools durch Zuwanderung

ÜBER-PRODUKTION

Erhöhung der genetischen Variabilität durch eine hohe Anzahl Nachkommen

Dies erhöht gleichzeitig wieder die Vielfalt des Genpools.

SELEKTIONSFAKTOREN

Fressfeinde

Konkurrenzkampf, Krieg

Nahrungsknappheit

Infektionskrankheiten

Hitze, Kälte, Trockenheit

Kulturelle Errungenschaften
Evolutionsschritte

DER UNBEKANNTE VORFAHRE

ORRORIN TUGENENSIS — 6 MIO. JAHRE

Grosse: ø 1,20 m
Gewicht: ø 35 kg

Lebensraum:
Ostafrika

Gebärhäufigkeit
unbekannt

Gehirnvolumen
unbekannt

Aufrechter Gang

AUSTRALOPITHECUS AFARENSIS — 3,8 MIO. JAHRE

Grosse: ø 1,25 m
Gewicht: ø 35 kg

Lebensraum:
Ostafrika

Gebärhäufigkeit:
Alle 6,5 Jahre

Gehirnvolumen
ø 450 cm³

3,5 MIO. JAHRE
Fleischessen

3 MIO. JAHRE
Verlust der
Körperbehaarung

HOMO HABILIS — 2,5 MIO. JAHRE

Grosse: ø 1,30 m
Gewicht: ø 30 kg

Lebensraum:
Ost- und Südafrika

Gebärhäufigkeit:
unbekannt

Gehirnvolumen:
ø 600 cm³

2,5 MIO. JAHRE
Steinwerkzeuge

2 MIO. JAHRE
Feuerstellen
Kochen

JAHRE 6 MIO.   4 MIO.   3 MIO.

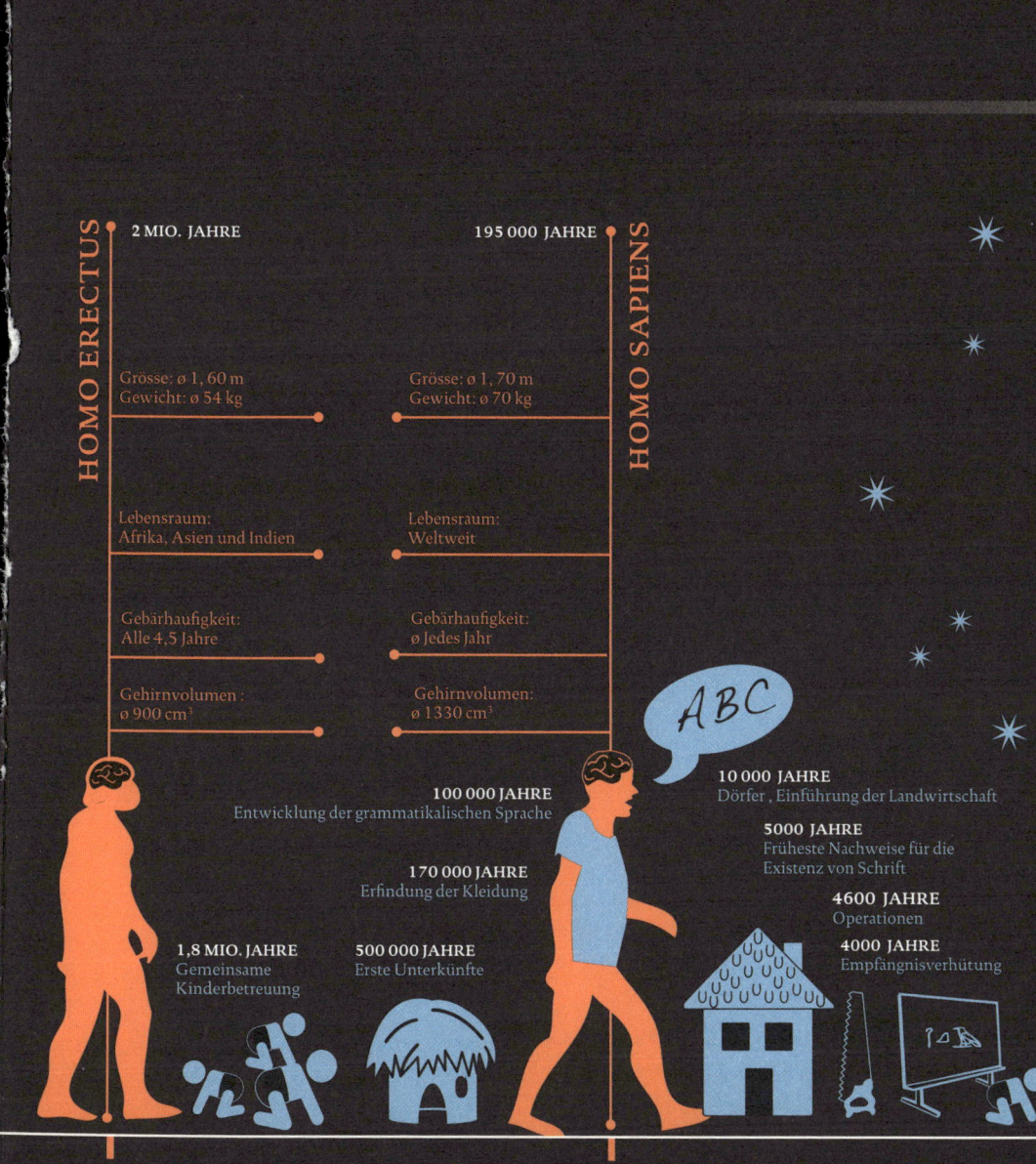

HOMO ERECTUS

2 MIO. JAHRE

Grösse: ø 1,60 m
Gewicht: ø 54 kg

Lebensraum:
Afrika, Asien und Indien

Gebärhaufigkeit:
Alle 4,5 Jahre

Gehirnvolumen:
ø 900 cm³

HOMO SAPIENS

195 000 JAHRE

Grösse: ø 1,70 m
Gewicht: ø 70 kg

Lebensraum:
Weltweit

Gebärhaufigkeit:
ø Jedes Jahr

Gehirnvolumen:
ø 1330 cm³

ABC

100 000 JAHRE
Entwicklung der grammatikalischen Sprache

170 000 JAHRE
Erfindung der Kleidung

1,8 MIO. JAHRE
Gemeinsame
Kinderbetreuung

500 000 JAHRE
Erste Unterkünfte

10 000 JAHRE
Dörfer , Einführung der Landwirtschaft

5000 JAHRE
Früheste Nachweise für die
Existenz von Schrift

4600 JAHRE
Operationen

4000 JAHRE
Empfängnisverhütung

2 MIO.   200 000   5000   1000

den umgesetzt. Sie sind bewusst als Übertreibungen dargestellt, um die Diskussion anzuregen, denn die evolutionären Treiber dahinter sind durchaus real. Und es ist zwingend, sich über die möglichen Konsequenzen Gedanken zu machen.

Zusätzlich liefert die Metamap eine Übersicht zur Entstehungsgeschichte des Menschen und zu den wichtigsten Mechanismen, die seine Evolution steuern. Zentral sind zwei Grundmechanismen. Der eine ist die Schaffung von individueller Vielfalt. Diese basiert zunächst auf der Erzeugung von genetischen Mutationen – also der zufälligen Veränderung des genetischen Codes – auf Ebene des Individuums. Dabei können veränderte Eigenschaften entstehen, die einen evolutionären Vorteil bringen, zum Beispiel Immunität gegenüber einer Krankheit. Allerdings können Mutationen auch nachteilige Effekte oder gar keinen Einfluss auf die Überlebensfähigkeit des betroffenen Individuums haben. Gewisse Verhaltensweisen – z.B. Hungern, häufiger Alkohol- oder Zigarettenkonsum – können Funktionen von Genen zudem aktivieren oder hemmen. Ob die Vererbung der dadurch entstehenden epigenetischen Veränderungen über mehr als zwei Generationen bestehen kann, ist allerdings noch nicht erforscht.

Ferner spielt die Durchmischung unserer Gene durch sexuelle Rekombination eine zentrale Rolle bei der Erzeugung von Vielfalt – genauso wie die Überproduktion von Nachkommen, die ebenfalls die Variabilität erhöht. Der zweite Mechanismus ist die Selektion. Sie sorgt dafür, dass sich nur die «Fittesten», also die am besten an die Rahmenbedingungen der Umwelt Angepassten, durchsetzen. Hierbei wird zwischen natürlicher, sexueller und künstlicher Selektion unterschieden. Die natürliche Selektion begünstigt die Fortpflanzung derer, die besser gegen Gefahren wie Nahrungsknappheit, Fressfeinde, Kälte oder Wärme gewappnet und zudem besonders fruchtbar sind. Bei der sexuellen Selektion werden nicht zwingend die bevorzugt, die körperlich bessere Überlebenschancen haben, sondern Attribute, die sexuell attraktiv machen, beispielsweise harmonische Gesichtszüge, Imponiergehabe oder beruflicher Erfolg. Bei der künstlichen Selektion wird die Auslese durch technische oder medizinische Hilfsmittel kontrolliert, zum Beispiel durch die Empfängnisverhütung oder die pränatale Diagnostik. Dank einer Art «Anti-Selektion» mittels Medizin und Technik – Medikamente, Sehhilfen, Herzschrittmacher, aber auch Nahrungsmittelproduktion im Überfluss – überleben heute zudem auch diejenigen, die früher womöglich der natürlichen Selektion zum Opfer gefallen wären. Dies bewirkt, dass auch Gene vererbt werden, die eigentlich nicht dem Kriterium des «Fittesten» entsprechen – was wiederum die Vielfalt des Genpools erhöht. Eine weitere Form von Selektion basiert auf plötzlichen Ereignissen: Naturkatastrophen oder Kriege können ganze Genpopulationen zufällig auslöschen, unabhängig von ihrer genetischen Voraussetzung.

MENSCHLICHEN EVOLUTION

Nahrungsüberfluss

Zivilisations- & chronische Krankheiten

Klimawandel

Umweltverschmutzung

Raumknappheit

IT & Elektronik

Medizin & Genetik

60 JAHRE
Megacities

140 JAHRE
Telekommunikation

200 JAHRE
Industrialisierung

70 JAHRE
Penicillin

30 JAHRE
Personal Computer

DER AUSSTEIGER

Biologische Kriegsführung, der radikale Klimawandel oder der Verbrauch sämtlicher Rohstoffe hat zum unvermeidbaren Ende der Menschen geführt, die, genauso wie die Dinosaurier, von unseren Nachfahren in Museen ausgestellt werden. In einem alternativen Szenario ist die Menschheit dank ihrer wachsenden Intelligenz zur Einsicht gekommen, dass die Erde langfristig besser dasteht, wenn wir uns in eine spirituelle Wesensform transformieren und die irdische Welt zugunsten aller andern verlassen.

DER DENKER

Das Leben in der Wissensgesellschaft stellt immer höhere Anforderungen an unser Gehirn. Der Körper wird dafür zunehmend überflüssig und kann bei fortschreitender Alterung ersetzt werden. Nach Abschnitt eines Lebenszyklus suchen sich Gehirne einen neuen Körper, Wissen und Erfahrungen bleiben – genauso wie im Internet – mit ihren Gehirnen unsterblich.

DER SYMBIONT

Die Mikrobiologie ist zur Leitwissenschaft geworden und ermöglicht es, sich schneller und besser an die Anforderungen der Umwelt anzupassen. Anzüge aus symbiontischen Mikroben helfen, verschmutzte Luft und Schadstoffe zu filtern. Ein Teil der Menschheit hat aufgrund der Raumknappheit und des Dichtestresses begonnen, den Meeresgrund zu bevölkern. Die Symbionten filtern Sauerstoff aus H_2O und ermöglichen so das Atmen unter Wasser.

DER ARCHAISCHE

Die Zivilisation ist mit dem Konkurs von Europa und den USA sowie unter den dramatischen Folgen des Klimawandels und der Umweltverschmutzung im Rückzug, die Natur hat Terrain zurückerobert. Städte sind verwildert, es gibt Kämpfe um Nahrung, das Recht des Stärkeren hat sich wieder durchgesetzt. Muskelmasse ist entscheidend für das Überleben. Instinkte haben rationales Verhalten verdrängt. Gleichzeitig helfen natürliche Sensoren, Umweltgifte zu spüren und so Risiken zu vermeiden.

DER RESSOURCENEFFIZIENTE

Das Leben in Zeiten von Knappheit hat dazu geführt, dass sich Menschen mit weniger Ressourcenbedarf besser durchsetzen. Eine reduzierte Körpergrösse und flexible Knochenstrukturen erlauben es, besser mit dem minimalen Raumangebot in den Kleinstwohnungen der Megalopolen und der Rationierung von Lebensmitteln und Wasser umzugehen.

DER WOHLSTÄNDIGE

Das konstante Überangebot an hochwertiger Nahrung und die Annehmlichkeiten der automatisierten Dienstleistungsgesellschaft machen Muskelkraft und Bewegung überflüssig. Ein wohlgenährter Körper ist wieder zum Sinnbild von Lebensqualität geworden. Die Rückbildung der unnötigen Beine gilt als Merkmal des Fortschritts und zeichnet attraktive Menschen aus.

DIE MUTANTIN

Die Kreuzung mit artfremder DNA ermöglicht wahres Multitasking. Um den wachsenden Anforderungen an Flexibilität und Effizienz gerecht zu werden, erlaubt genetisches Enhancement mit autonomen, intelligenten Armen das gleichzeitige Erledigen von mehreren Aufgaben, von Kinderbetreuung bis Projektmanagement.

DIE MENSCHMASCHINE

Die Verschmelzung von Biologie und Elektronik ermöglicht es, als Cyborg unsere digitale Umgebung per Gedanken zu steuern. Telefone und Computer sind obsolet. Der Austausch von Daten erfolgt direkt von Mensch zu Mensch.

© W.I.R.E. Quellen: www.newscientist.com/movie/becoming-human; Leonard, William R. (2002).
Food for Thought – Dietary Change was a Driving Force in Human Evolution. In: Scientific American (13.11.);
Wrangham, Richard (2009): Feuer fangen – Wie uns das Kochen zum Menschen machte
Eine neue Theorie der menschlichen Evolution. humanorigins.si.edu/evidence/human-fossils/species

MENSCHLICHEN EVOLUTION

SELEKTION

NATÜRLICHE SELEKTION

Fortpflanzungserfolg der Individuen, welche am besten an die Anforderungen der Umgebung angepasst sind. Diese sind z.B. natürliche Feinde, Verfügbarkeit von Ressourcen, das Klima oder Umweltverschmutzung.

SEXUELLE SELEKTION

Fortpflanzungserfolg von Individuen basierend auf der Auswahl durch die Sexualpartner. Die Attraktivität hängt ab von Aussehen, Gesundheit oder Verhalten.

KÜNSTLICHE SELEKTION

Fortpflanzungserfolg basierend auf der menschlichen Steuerung der Selektion mit technologischen Hilfsmitteln. Hierzu gehören Methoden der Geburtenkontrolle, Fortpflanzungsmedizin und Genetik.

ZUFÄLLIGE SELEKTION

Fortpflanzungserfolg von Individuen, die nicht zufälligen Ereignissen wie Naturkatastrophen oder Kriegen zum Opfer fallen.

DIE «FITTESTEN» ÜBERLEBEN

«ANTI-SELEKTION»

Aushebelung der Selektion durch Wohlstand und technologische Eingriffe. Individuen, denen bestimmte Fähigkeiten zum Überleben fehlen, unterliegen durch künstliche Eingriffe und veränderte Rahmenbedingungen nicht mehr der Selektion.

DER ANALOGE BLOG

—

Ideen, Fakten & Fiktionen

DIE ANGEBORENE RACHSUCHT DER MÄNNER

www.ncbi.nlm.nih.gov/pmc/articles/PMC2636868

Männer sind rachsüchtiger als Frauen. Dies legen zumindest Experimente der Neuropsychologin Tania Singer nahe, die am University College London Gehirnscans durchführte, während ihre Probanden dabei zusehen mussten, wie andere vermeintlich mit leichten Elektroschocks bestraft wurden. Die «Opfer» waren Schauspieler, die sich zuvor in einem künstlich inszenierten Spiel um Geld den Probanden gegenüber fair oder unfair verhalten hatten. Dabei zeigte sich, dass Frauen mit fairen wie unfairen Spielern gleichermassen Mitgefühl hatten, bei Männern die Areale, die den Schmerz des anderen im eigenen Hirn simulieren, aber nur bei den fairen Spielern aufleuchteten. Gleichzeitig waren bei Männern die Belohnungszentren im Gehirn stärker aktiviert. Eine mögliche Erklärung dafür wäre, so die Wissenschaftlerin, dass Männern seit jeher stärker als Frauen die Rolle zukam, für Gerechtigkeit zu sorgen und diese auch mittels physischer Strafen durchzusetzen, weshalb die Evolution ihr Gehirn entsprechend ausgestattet hat. Das Resultat, dass Männer stärkere Rachegelüste hegen als Frauen, kann aufgrund der relativ kleinen Versuchsgruppe allerdings noch nicht als gesichert gelten. Und vor allem wäre spannend zu sehen, wie die Hirnscans bei der Durchführung psychologischer Torturen oder sozialer Sanktionen aussähen, die eher als Waffen der Frauen gelten.

NONSENS-STUDIE

boingboing.net/2012/10/19/math-journal-accepts-computer.html

Dass selbstsicher auftretende Blender, die mit willkürlich aneinandergereihten, frei erfundenen, aber hochgestochen klingenden Termini um sich werfen, selbst gestandene Wissenschaftler zu Lob verleiten, zeigte bereits eine Studie in den Siebzigerjahren. Der berühmte «Dr. Fox-Effekt» – benannt nach dem vortragenden Schauspieler Myron L. Fox – geisterte danach als Mahnmal vor Hochstaplern in Hörsälen um die Welt. Anscheinend hat die Wissenschaftswelt aber trotzdem nicht viel dazugelernt. Im Gegenteil: Das Prinzip funktioniert nach wie vor, sogar ganz ohne Schauspieler, der durch sein Charisma vom dürftigen Inhalt ablenkt, wie ein kürzliches Vorkommnis beim Wissenschaftsjournal Advances in Pure Mathematics zeigt. Die «Autorin», Professorin Marcie Rathke der University of Southern North Dakota, reichte dort nämlich ein Nonsenspaper ein, das das Computerprogramm Mathgen generiert hatte. Der Titel: «Unabhängige, negative, kanonisch verankerte Vektoren anhand von Gleichungen und Problemen in angewandtem PDE». Und das vielversprechende Abstract dazu: «$\varrho=A$. Ist es möglich, Isomorphismus – also Gleichgestaltigkeit – zu erweitern? Wir zeigen, dass sich D' im Verhältnis zu D stochastisch-orthogonal sowie affin verhält. In [10] besteht das Hauptresultat in der Konstruktion von kompakten Weyl-Funktionen. Dies könnte ein ganz neues Licht auf die Vermutung von Conway-d'Alembert werfen.»

Die Zeitschrift ortete zwar mangelnde Angaben zu den einzelnen Parametern, wollte die Studie aber dennoch drucken. Ihre Publikation scheiterte dann lediglich daran, dass die Autorin nicht bereit war, die 500 USD Druckkostenbeitrag zu bezahlen.

FRISURENQUIZ

www.fastcodesign.com/1663431/infographic-of-the-day-108-of-the-best-hair-cuts-in-music-history

Musikstars sind oft nicht nur aufgrund ihrer Stimme unverkennbar, sondern auch wegen ihres Haarschnitts. Hier
ein kleiner Selbsttest, wie gut Sie in visueller Musikge-
schichte sind.

EIN VISUELLES KOMPENDIUM
BEMERKENSWERTER HAARSCHNITTE DER POPMUSIK

1954 – heute

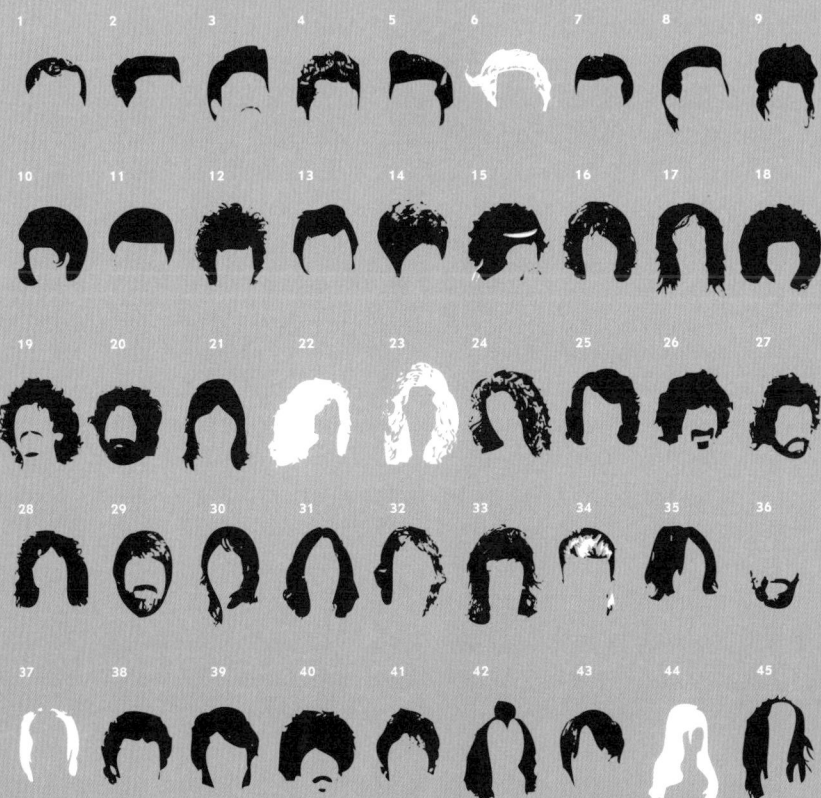

1 *B. Haley*, 2 *F. Domino*, 3 *L. Richard*, 4 *C. Berry*, 5 *E. Presley*, 6 *J. L. Lewis*, 7 *B. Holly*, 8 *R. Orbison*, 9 *M. Reeves*, 10 *D. Ross*, 11 *P. McCartney*, 12 *B. Dylan*, 13 *J. Cash*, 14 *A. Franklin*, 15 *J. Hendrix*, 16 *J. Morrison*, 17 *J. Joplin*, 18 *S. Stone*, 19 *C. Santana*, 20 *J. Garcia*, 21 *G. Parsons*, 21 *G. Parsons*, 22 *L. Daltrey*, 23 *R. Plant*, 24 *J. Page*, 25 *N. Diamond*, 26 *F. Zappa*, 27 *C. Stevens*, 28 *M. Bolan*, 29 *B. Wilson*, 30 *I. Pop*, 31 *O. Osbourne*, 32 *M. Jagger*, 33 *K. Richards*, 34 *Z. Stardust*, 35 *N. Young*, 36 *I. Hayes*, 37 *E. John*, 38 *T. Jones*, 39 *E. Presley*, 40 *P. Lynott*, 41 *B. Springsteen*, 42 *G. Simmons*, 43 *B. Ferry*, 44 *S. Nicks*, 45 *B. Marley*, 46 *J. Ramone*, 47 *J. Rotten*, 48 *S. Vicious*, 49 *B. Gibb*, 50 *J. Strummer*, 51 *P. Smith*, 52 *D. Harry*, 53 *I. Curtis*, 54 *E. Costello*, 55 *C. Hynde*, 56 *F. Mercury*, 57 *B. May*, 58 *T. Petty*, 59 *R. Stewart*, 60 *J. Jett*, 61 *D. Hall*, 62 *J. Oates*, 63 *B. Setzer*, 64 *M. Score*, 65 *J. Brown*, 66 *M. Jackson*, 67 *C. Lauper*, 68 *D. Byrne*, 69 *R. James*, 70 *B. Idol*, 71 *G. Michael*, 72 *D. L. Roth*, 73 *Madonna*, 74 *T. Turner*, 75 *S. Morrissey*, 76 *B. Gibbons*, 77 *D. Bowie*, 78 *J. Bon Jovi*, 79 *N. Sixx*, 80 *C.C. Deville*, 81 *Prince*, 82 *R. Smith*, 83 *Pepa*, 84 *A. Rose*, 85 *Slash*, 86 *B. Poindexter*, 87 *Kid*, 88 *V. Ice*, 89 *K. Cobain*, 90 *E. Vedder*, 91 *S. Dogg*, 92 *Björk*, 93 *G. Clinton*, 94 *J. Buckley*, 95 *B. Rhymes*, 96 *Beck*, 97 *M. Manson*, 98 *Coolio*, 99 *J. White*, 100 *Questlove*, 101 *T. York*, 102 *A. Winehouse*, 103 *K. Malone*, 104 *L. Gaga*, 105 *O. Rodriguez-Lopez*, 106 *L. Wayne*, 107 *B. Kaulitz*

WO LEBEN KINDER GUT?

www.good.is/post/infographic-where-are-the-best-and-worst-countries-to-be-a-child

Die Lebensqualität eines Kindes zu messen ist nicht einfach. Wird es genügend ernährt? Erhält es eine gute Ausbildung? Wird es geachtet, geliebt? Eine ganze Anzahl an Faktoren spielt mit, materielle wie immaterielle. Hier die Ergebnisse einer UNICEF-Studie mit dem Ziel, die Lebensqualität von Kindern und Jugendlichen in den industrialisierten OECD-Ländern zu bewerten.

DIE BESTEN UND DIE SCHLECHTESTEN INDUSTRIELÄNDER, UM ALS KIND AUFZUWACHSEN

ZEUGNIS: DIE NIEDERLANDE ERHÄLT DIE BESTE NOTE, GROSSBRITANNIEN DIE SCHLECHTESTE

Gesamtranking: Alle Facetten mit einberechnet, führen die Niederlande, Schweden und Dänemark die Rangliste an. Grossbritannien und die USA hingegen schneiden am schlechtesten ab. Bewertet wurden die Kriterien Bildung, materielles Wohlergehen, Risikoverhalten, Gesundheit und Sicherheit, Zufriedenheitsgefühl und Qualität der zwischenmenschlichen Beziehungen.

Gesamtplatzierung (1 = beste, 21 = schlechteste)   Durchschnittliche Platzierung

Gesamtplatzierung	Durchschnittliche Platzierung	Land
1	4,2	NIEDERLANDE
2	5,0	SCHWEDEN
3	7,2	DÄNEMARK
4	7,5	FINNLAND
5	8,0	SPANIEN
6	8,3	SCHWEIZ
7	8,7	NORWEGEN
8	10,0	ITALIEN
9	10,2	IRLAND
10	10,7	BELGIEN
11	11,2	DEUTSCHLAND
12	11,8	KANADA
13	11,8	GRIECHENLAND
14	12,3	POLEN
15	12,5	TSCHECHIEN
16	13,0	FRANKREICH
17	13,7	PORTUGAL
18	13,8	ÖSTERREICH
19	14,5	UNGARN
20	18,0	USA
21	18,2	GROSSBRITANNIEN

SIEGER UND VERLIERER IN DEN SECHS DIMENSIONEN DES WOHLERGEHENS

In je zwei von sechs Kategorien schneiden die USA und Grossbritannien in Bezug auf das Wohl der Kinder am schlechtesten ab. Und während Schweden in Bezug auf Wohlstand, Gesundheit, Sicherheit und Risikoverhalten am höchsten rangiert, weist Italien die höchste Qualität an zwischenmenschlichen Beziehungen auf.

1. MATERIELLES WOHLERGEHEN

SCHWEDEN

POLEN

Indikatoren: Prozentzahl Heranwachsender ...

- ... die in einem Haushalt leben, dessen Einkommen unter 50 % des nationalen Mittels liegt
- ... in Familien, in denen beide Elternteile erwerbslos sind
- ... die angeben, sich wenig leisten zu können

3. GESUNDHEIT UND SICHERHEIT

SCHWEDEN

USA

Indikatoren: Prozentzahl ...

- ... Kinder, die vor Erreichen des ersten Altersjahrs sterben
- ... Frühgeburten
- ... Kinder die zwischen dem ersten und dem zweiten Lebensjahr geimpft werden
- .... Tote aufgrund von Unfällen bis zum 19. Lebensjahr

5. QUALITÄT DER ZWISCHEN-MENSCHLICHEN BEZIEHUNGEN

ITALIEN

GROSSBRITANNIEN

Indikatoren: Prozentzahl Heranwachsender ...

- ... die mit alleinerziehendem Elternteil aufwachsen
- ... die in Patchworkfamilien leben
- ... die angeben, die Hauptmahlzeit mehr als einmal pro Woche mit den Eltern einzunehmen
- ... die angeben, die Eltern würden auch mal Zeit mit ihnen verbringen, um «einfach zu reden»
- ... die angeben, «hilfreiche» Freunde zu haben

2. RISIKOVERHALTEN

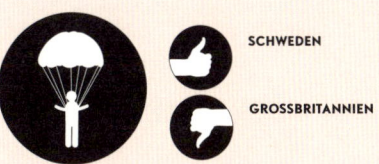

SCHWEDEN

GROSSBRITANNIEN

Indikatoren: Prozentzahl Heranwachsender ...

- ... die frühstücken
- ... die täglich Früchte essen
- ... die Sport treiben
- ... die übergewichtig sind
- ... die rauchen
- ... die mit 15 Jahren bereits Sex hatten
- ... die Cannabis konsumieren
- ... die als Teenager schwanger wurden
- ... die innerhalb des letzten Jahres in eine Schlägerei verwickelt waren
- ... die angeben, innerhalb der letzten zwei Monate von Gleichaltrigen schikaniert worden zu sein

4. ZUFRIEDENHEITSGEFÜHL

NIEDERLANDE

USA

Indikatoren: Prozentzahl Heranwachsender ...

- ... die ihre Gesundheit besser als «schlecht» oder «ausreichend» einschätzen
- ... die angeben, gerne zur Schule zu gehen
- ... die sich auf einer «Lebenszufriedenheitsskala» selbst in der oberen Hälfte ansiedeln

6. BILDUNG

BELGIEN

PORTUGAL

Indikatoren: Prozentzahl Heranwachsender ...

- ... die einen Schulabschluss machen
- ... die weder eine Arbeit haben noch in Ausbildung sind

 Beste Platzierung

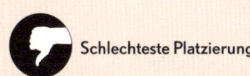 Schlechteste Platzierung

Quelle: UNICEF. Child Poverty in Perspective: An overview of child well-being in rich countries. 2007

AUCH AFFEN HABEN EINE MIDLIFE-CRISIS

www.pnas.org/content/early/2012/11/14/1212592109.full.pdf+html?sid=
8ee72284-ea71-4c58-94b3-adfdb9a0d8f8

Wer eine Midlife-Crisis hat, sollte in Zukunft nicht mehr
den unaufmerksamen Partner, die pubertierenden Kinder
oder die ständig neue Technologie dafür verantwortlich
machen, die sich einen neben den jüngeren Kollegen wie
ein Steinzeitmensch fühlen lässt. Eine neue Studie unter
der Leitung von Andrew Oswald der Universität von Warwick deutet nämlich darauf hin, dass die Lebenszufrieden-
heit nicht nur bei Menschen u-förmig verläuft – mit hoher
Zufriedenheit in der Jugend und im Alter –, sondern auch
bei Menschenaffen. Dies förderten Beobachtungen von japanischen, australischen und US-amerikanischen Tierpfle-
gern in Zoos zutage, die stellvertretend für ihre Schützlinge
– insgesamt 500 Schimpansen und Orang-Utans jeden Al-
ters – Fragebogen ausfüllten. Auf diesen mussten sie regelmässig deren Stimmung einschätzen, aber auch, wie erfolgreich sie beim Erreichen ihrer selbst gesetzten Ziele sind und
wie viel Freude den Tieren soziale Interaktion bereitet.

Ob analog zum Menschen auch Affen eine jugendli-
che Euphorie kennen, wenn sie glauben, ihnen stünden
noch alle Möglichkeiten offen, während der Tod anderer die
Alten wieder mehr schätzen lässt, was sie haben? Und ob
andere Primaten in ihrer Lebenshälfte ebenfalls schmerz-
haft realisieren, dass sie gewisse Ziele nun nicht mehr erreichen werden? Die Forscher wissen es nicht, spekulieren
jedoch, dass das Stimmungstief den Zweck haben könnte,
den Antrieb zu erhalten, statt die Füsse hochzulagern,
wenn gewisse Ziele bereits erreicht und wichtige Pflichten
– so etwa der Aufzug von Kindern – erledigt sind. Die Erkenntnis, dass die Lebenskrise biologischer Natur ist, werde sie für uns alle erträglicher machen, so die Wissenschaftler. Denn damit einher gehe auch das Wissen, dass sie
wieder vorbeigehen wird.

VAMPIRE SIND DIE NEUEN PFERDE

www.achronos.de/tom/2010/02/vampire-sind-die-neuen-pferde

Bis vor Kurzem noch hingen in Mädchenzimmern Pferde-poster, jetzt sind es solche von Werwölfen und Vampiren. Der Teenagertraum hat sich drastisch gewandelt, könnte man meinen. Dem ist aber nicht so, wie ein Fantasy-Blog-ger analysierte: Die Jungstars der beliebten «Twilight»-Fil-me, Robert «Wendy» Pattinson und Taylor «Fury» Lautner, die nun neben rosaroten Kissen prangen, erfüllen dieselben Kriterien wie einst die Blackys und Beautys – und somit die Voraussetzung, um in der Frühpubertät zum geliebten Ein und Alles avancieren zu können.

Denn die Vampire und Werwölfe des 21. Jahr-hunderts fungieren nicht mehr wie ursprünglich als Warn-figuren vor dem sexuell ungezügelten, zerstörerischen Tier im Manne, sondern sind zum Ersatzfreund für kleine Mäd-chen geworden. Eine gängige Erklärung für deren Pferde- und neuerdings auch Vampirvernarrtheit ist nämlich das Bedürfnis nach einem beschützenden Freund, an den man sich anlehnen kann – zumindest so lange, bis «echte» Jungs interessant werden. Etwas ungerecht nur, dass diese sich nun nicht mehr mit schwitzenden Vierbeinern vergleichen lassen müssen, sondern mit dem bestaussehenden Teen-ager Hollywoods.

GEMEINSAMKEITEN VON PFERDEN UND VAMPIREN

kraftvoll und muskulös
ästhetisch ansprechend und anmutig
die Besitzer eines beeindruckenden Gebisses
Beschützerfiguren zum Anlehnen
treu und sanft
potenziell unbändig, jedoch bei
liebevoll-hingebungsvoller Pflege handzahm
definitiv nicht furchteinflössend
latent, jedoch nicht überwältigend gefährlich
latent, jedoch nicht überwältigend sexuell besetzt

VON SCHWARZWEISS-TRÄUMEN UND MÖRDERN IM SCHLAF

visual.ly/16-things-you-didnt-know-about-sleep

Alle Säugetiere, Vögel sowie die meisten Reptilien, Amphibien und Fische tun es: schlafen. Viele von uns wissen dennoch kaum etwas über dieses tägliche Unterfangen.

15 DINGE, DIE SIE SCHON IMMER ÜBER SCHLAF WISSEN WOLLTEN

1. SCHLAFPOSITIONEN VERRATEN DIE PERSÖNLICHKEIT

Schlafpositionen können Aufschluss über Ihre Persönlichkeit geben. Die gängigsten (Haupt-)Positionen und womit sie häufig korrelieren:

BAUMSTAMM (15%)
soziale Schmetterlinge

SOLDAT (8%)
reserviert

SEESTERN (5%)
Exzellente Zuhörer

FÖTUS (41%)
diese Menschen erscheinen anfangs oft ruppig, haben aber warme und offene Herzen

LÄUFER (13%)
werden als offen wahrgenommen, sind in Wahrheit aber misstrauisch

FREIER FALL (7%)
Stimmungsmacher, fantastische Partygäste

2. DELFINE SCHLAFEN NUR HALB

Wenn Delfine schlafen, fährt nur ihr halbes Gehirn herunter. Die andere Hälfte bleibt wach, um den Atemzyklus aufrechtzuerhalten

3. VIELE PAARE NÄCHTIGEN SEPARAT

Eines von vier Ehepaaren schläft nicht im selben Bett

4. DIE SCHLAFDAUER SINKT MIT DEM ALTER

Je nach Alter brauchen wir eine unterschiedliche Anzahl an Stunden Schlaf

Babys
16 Stunden

3–12 Jahre
10 Stunden

13–18 Jahre
10 Stunden

19–55 Jahre
8 Stunden

Über 65 Jahre
6 Stunden

5. GIRAFFEN SCHLAFEN AM WENIGSTEN

Giraffen, Rehe und Elefanten sind die Säugetiere mit dem niedrigsten Schlafbedarf

GIRAFFEN
1,9 Stunden pro Tag
(in 5- bis 10-minütigen Intervallen)
REHE
3,09 Stunden pro Tag
ASIATISCHER ELEFANT
3,1 Stunden pro Tag

6. SOLDATEN SIND AM LÄNGSTEN WACH

Britische Soldaten haben als Erste eine Methode entwickelt, die es ihnen erlaubte, 36 Stunden am Stück wach zu bleiben. Wenn ermüdet, setzten sie sich Helme mit Spezialvisieren auf, die die Helligkeit eines Sonnenaufgangs imitierten. Das hielt sie wach.

7. TRÄUMEN IST NORMAL

Menschen, die nicht träumen, leiden in der Regel unter einer Persönlichkeitsstörung.

8. MÄNNER HABEN MÄNNLICHE TRÄUME

Männer träumen 70% der Zeit von anderen Männern. Frauen träumen in gleichen Anteilen von Männern und Frauen.

9. VIELE TRÄUMEN FARBLOS

12% der Menschen träumen nur schwarzweiss. Die Zahl war früher noch höher, aber seit Einführung des Farbfernsehens ist sie gesunken.

10. BLINDE TRÄUMEN DÜFTE

Erblindete Menschen können im Traum dennoch Bilder sehen. Die Träume der blind Geborenen setzen sich aus **EMOTION, TON, GERUCH** und **TASTSINN** zusammen.

11. GESICHTER ERFINDEN GEHT NICHT

Wir können nur von Gesichtern träumen, die wir bereits einmal gesehen haben – ob wir diese nun aktiv erinnern oder nicht.

12. TRÄUME VERFLIEGEN RASCH

5 MIN.   10 MIN.

50%   90%

Fünf Minuten nach Aufwachen sind 50% Ihres Traums vergessen. Nach zehn Minuten sind es 90%.

13. 2% DER TEENAGER SIND BETTNÄSSER

Einer von 50 Teenagern leidet unter Enuresis, nässt also regelmässig ein, ohne dass eine körperliche Ursache vorliegt. Die Gründe sind meist psychischer Natur.

14. NICHT ALLE MÖRDER SIND WACH

Parasomnie ist eine Schlafkrankheit, die einen dazu bringt, für Schlafende ungewöhnliche Aktivitäten auszu-üben. Straftaten, die aufgrund von Parasomnie verübt wurden:

- UNGEDECKTE CHECKS AUSSTELLEN
- AUTOFAHREN IM SCHLAF
- KINDSMISSBRAUCH
- VERGEWALTIGUNG
- MORD

15. SCHLAFENTZUG TÖTET

An Schlafentzug stirbt man schneller als an Nahrungsentzug. Bis man verhungert, dauert es zwei Wochen, aber bereits zehn Tage ohne Schlaf können tödlich sein.

ZUR WIEDERENTDECKUNG DES ZWEITEN SEKTORS

www.theatlantic.com/magazine/archive/2012/12/the-insourcing-boom/309166/?single_page=true

Der General Electric Appliance Park – ehemals Wahrzeichen amerikanischer Produktionskultur – glich bis vor Kurzem einer Geisterstadt. Doch nicht mehr lange. 2012 investierte CEO Jeffrey Immelt 800 Millionen US-Dollar, um den Ort zu reanimieren und äusserte gegenüber der «Harvard Business Review», dass das Outsourcingmodell schon bald ausgedient haben werde.

Was ist heute anders als vor zehn oder zwanzig Jahren? Die Neukalibrierung der Gesamtkosten verschafft der amerikanischen Inlandproduktion an vielen Stellen einen Wettbewerbsvorteil. Outsourcing impliziert neben billigen Arbeitskräften komplizierte Transportwege, unflexible Liefer- und Produktionsbedingungen, Qualitätskorrusion und einen horrenden Know-how-Verlust. Zur Bewältigung des Letzteren lancierte GE ein sogenanntes Big-Room-Konzept und setzte Designer, Fliessbandarbeiter, Ingenieure, Marketing- und Salespersonal an einen Tisch. Prozessoptimierung ist das Zauberwort der Stunde. Bei Toyota nannte man das einmal Lean Management. Weitere Firmen wie der Liftproduzent Otis oder der Frisbeehersteller Wham-O steigen ebenfalls auf den Renaissancezug auf und die Boston Company veröffentlichte letzten Mai einen Artikel über Möglichkeiten für Investoren, Profit aus dem US-Manufacturing Revial zu schlagen. Auch die Marktforschungsabteilung der ISI Group publizierte im August einen 98-seitigen Report darüber, warum der starke Industriesektor der USA zurückkehren wird. Man darf gespannt sein.

SCHWEIGEN ALS KOMMUNIKATIONS-STRATEGIE

www.forbes.com/sites/cherylsnappconner/2013/01/08/communications-big-gest-secret-knowing-when-to-keep-your-mouth-shut

«Der, der zuerst spricht, verliert.» So lautet die goldene Regel erfolgreicher Verkaufsverhandlung. Schweigen entpuppt sich aber auch an anderen Stellen der Geschäftskommunikation als lohnende Strategie. Besonders in Situationen direkter Konkurrenz, die mit gut gepolsterten Egos unterfüttert ist, ist rednerisches Feingefühl unerlässlich. Und selbst wenn man gerade am Karrierezenit angelangt ist: Öffentliche Selbstbeweihräucherung und verbal geäusserten Hochmut sollte man möglichst unterlassen. In vielen Fällen können Worte einen Kopf und Kragen kosten. Es gibt aber auch Situationen, in denen sie dringend notwendig sind. Nicken und zuhören können stillschweigende Zustimmung signalisieren. Schweigen ist daher keine gute Idee, wenn man dem Gegenüber damit wichtige Informationen vorenthält. Vorwürfen sollte man möglichst mit plausiblen Erklärungen entgegnen und wichtige Entscheidungen nie unkommentiert lassen. Auch Regeln gehören hin und wieder verbal geäussert. Ausserdem kann aktives Schweigen als passiv aggressives Verhalten interpretiert werden. Das schadet dem Ruf und den Arbeitsbeziehungen gleichermassen.

Dennoch: Sprechen sollte man – besonders im Geschäftsumfeld – immer mit Bedacht. Im eigenen Interesse lohnt es sich, kurz innezuhalten, bevor man seine Meinung äussert. Man versteht besser, worum es geht, wenn man das Gegenüber ausreden lässt. Plus: Der Gesprächspartner hat das Gefühl, dass er ernst genommen wird. In vielen Fällen ist die Fähigkeit, still zu sein, wirklich die beste Kommunikation, die man sich leisten kann.

DAS FINANZIELLE DESASTER
VON WIRBELSTÜRMEN

www.insurancequotes.com/hurricane-infographic

Mehr als vier Millionen US-Haushalte an der Golf- und der Atlantikküste sind dem Risiko einer durch tropische Wirbelstürme ausgelösten Sturmflut ausgesetzt. Das entspricht einem Privateigentum von mehr als 700 Milliarden US-Dollar. Und die Anzeichen mehren sich, dass die Hurrikane zunehmen – sowohl in puncto Anzahl als auch Heftigkeit. Allein im Jahr 2011 wurden in der Atlantikregion 19 Wirbelstürme gezählt, was das Jahr diesbezüglich zum drittgeplagtesten aller Zeiten macht. 2012 wurden die USA von den Hurrikanen Isaac wie auch Sandy heimgesucht. Letzterer wies gleichzeitig drei Sturmfronten auf, wütete in einem Gebiet, das einen Viertel des US-Versicherungsmarkts ausmacht und gilt als der zweitteuerste Wirbelsturm der US-Geschichte. Mit einem Durchmesser von fast 1800 km war sein Sturmgebiet das ausgedehnteste, das im Atlantik jemals gemessen wurde.

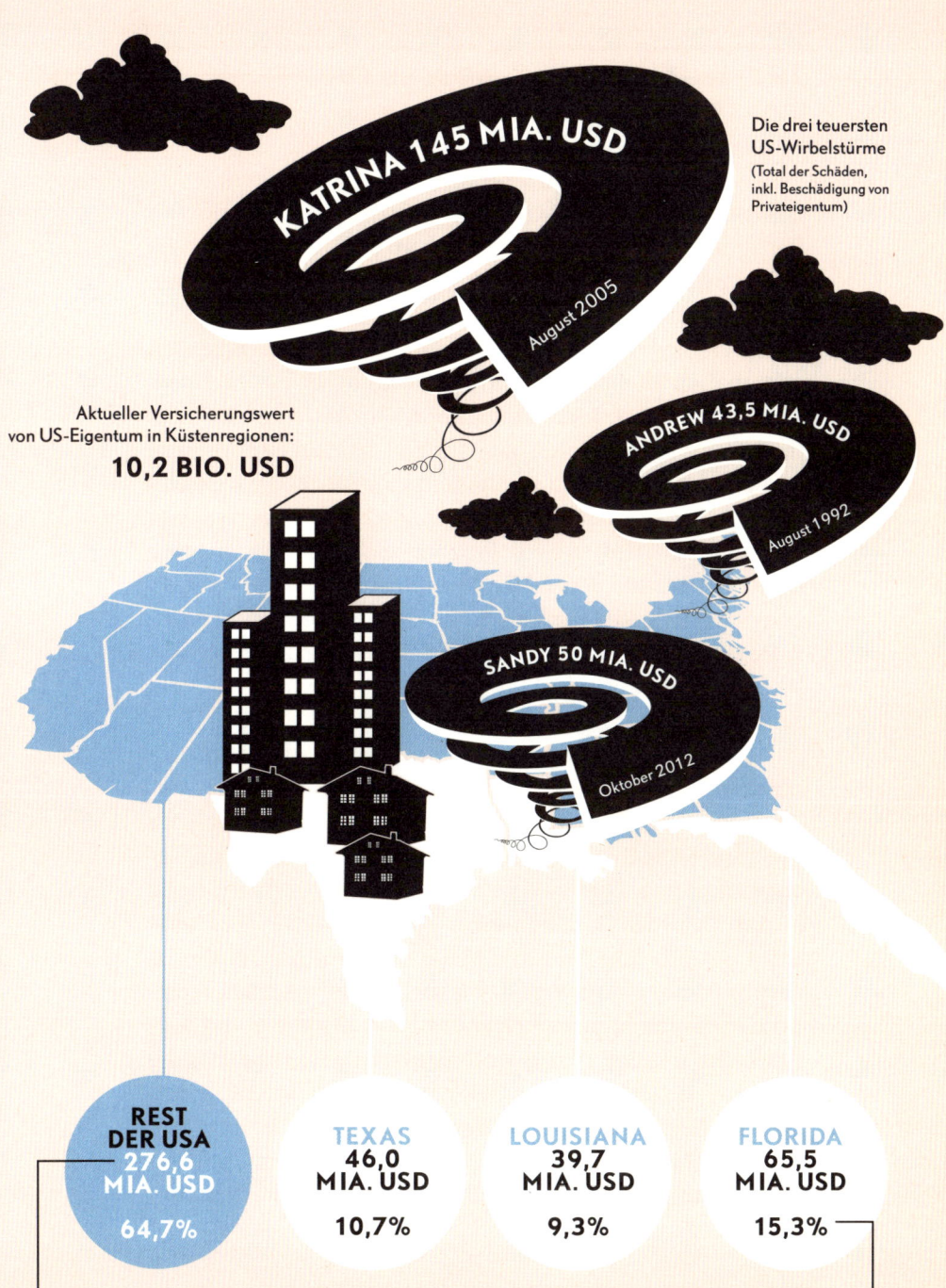

KATRINA 145 MIA. USD

August 2005

Die drei teuersten
US-Wirbelstürme
(Total der Schäden,
inkl. Beschädigung von
Privateigentum)

ANDREW 43,5 MIA. USD

August 1992

Aktueller Versicherungswert
von US-Eigentum in Küstenregionen:
10,2 BIO. USD

SANDY 50 MIA. USD

Oktober 2012

**REST
DER USA**
276,6
MIA. USD

64,7%

TEXAS
46,0
MIA. USD

10,7%

LOUISIANA
39,7
MIA. USD

9,3%

FLORIDA
65,5
MIA. USD

15,3%

Durch Wirbelstürme verursachte Schäden in US-Dollar
(1982–2011)

Schaden in Prozent des US-Totals
(427,8 Mia.)

ZWEI MILLIARDEN US-DOLLAR FÜR ELEKTRORAUCH

motherboard.vice.com/blog/e-smoking-is-now-a-2-billion-industry

E-Zigaretten, die Süchtigen das sensorische Erlebnis des Rauchens bieten, ohne dabei Tabak in die Lunge zu pumpen, sind schon länger ein Dorn im Auge aufrichtiger Raucher. Und die Zeiten, in denen China importierte Nikotinvaporisierer D-Promis und nächtlichen Dauerwerbesendungen vorbehalten blieben, sind nun offiziell vorbei. Eine aktuelle Studie des Marktforschungsunternehmens Euromonitor International ermittelte, dass der Verkauf von E-Zigaretten und des dazugehörigen Equipments im Jahr 2011 weltweit über zwei Milliarden US-Dollar einbrachte. Man gehe davon aus, dass bis 2050 etwa 4 Prozent des globalen «Nicotine Delivery»-Markts von E-Zigaretten bewirtschaftet werde – zum Vergleich: 2011 waren es 0,1 Prozent. Die grössten Absätze verzeichnen derzeit die USA, Russland und Deutschland, die gemeinsam 60 Prozent des weltweiten Umsatzes generieren.

Gleichzeitig machen sich Bedenken hinsichtlich Gesundheitsrisiken breit. Gemäss Reuters warnen Wissenschaftler der Universität Athen – und auch die amerikanische Food and Drug Administration – vor noch unbekannten Nebenwirkungen. Die in Griechenland durchgeführte Studie besagt, dass das Rauchen einer E-Zigarette für die Dauer von nurmehr fünf Minuten bereits physiologische Veränderungen der Atemwege des Rauchers verursachen kann. Zudem gibt es derzeit noch kaum Erkenntnisse über Langzeitfolgen des Elektrozigarettenkonsums. Fakt ist, dass die tabakfreien Glühstäbchen seit ihrer US-Markteinführung auch im Mainstream Fuss fassen. Vielleicht sollte man sich an das Bild von leuchtenden E-Sticks in urbanen Menschennestern gewöhnen. Vielleicht aber besser auch nicht.

BAUSTELLE WELT

visual.ly/world-building

Ein Blick auf den Ausbau der Infrastruktur in zehn ökonomisch führenden Ländern der Welt zeigt: Die USA führt, wenn es nach absoluten Zahlen geht, in puncto Infrastruktur nach wie vor. China verfügt allerdings über die höchste Wachstumsrate, holt also rasant auf. Und relativ gesehen, das heisst gemessen an seiner Einwohnerzahl, ist und bleibt Kanada Spitzenreiter.

ÜBERBLICK ÜBER DIE WELTWEITEN INVESTITIONEN FÜR INFRASTRUKTUR

DIE USA UND CHINA GEBEN AM MEISTEN GELD FÜR INFRASTRUKTUR AUS

Vergleich der Infrastruktur von zehn zentralen Wirtschaftsführern, gemessen an Infrastrukturtotal, Pro-Kopf-Infrastruktur und Wachstum in einem Jahrzehnt (2000–2010)

FLUGHÄFEN: GROSSBRITANNIEN SPART, BRASILIEN INVESTIERT AM STÄRKSTEN

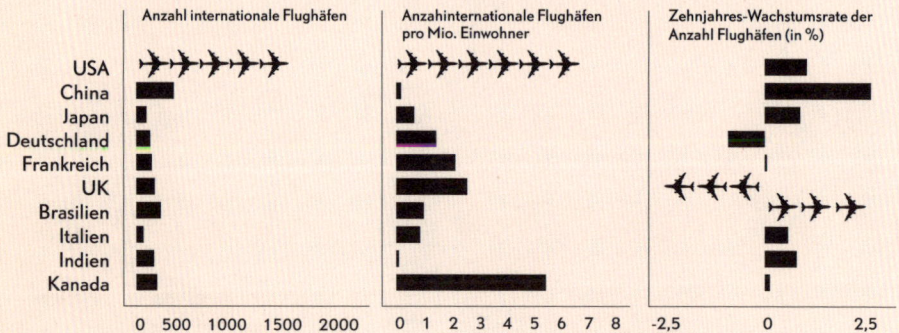

BAHNGELEISE: BRASILIEN BAUT DIE MEISTEN SCHIENEN, KANADA HAT DIE LÄNGSTEN STRECKEN PRO EINWOHNER

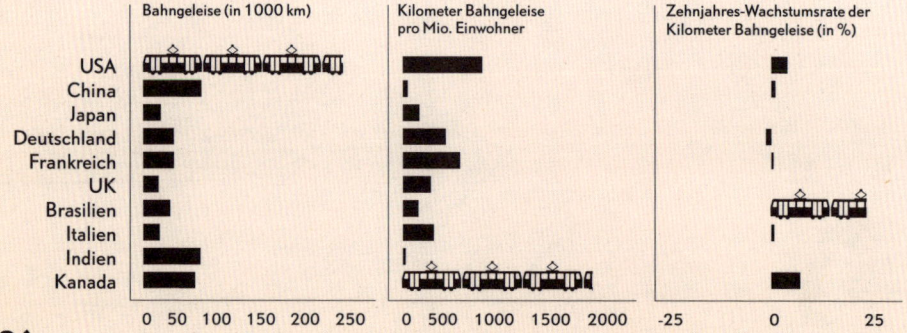

STRASSEN: DEUTSCHLAND UND ITALIEN BAUEN KAUM STRASSEN, CHINA HINGEGEN LEGT ZU

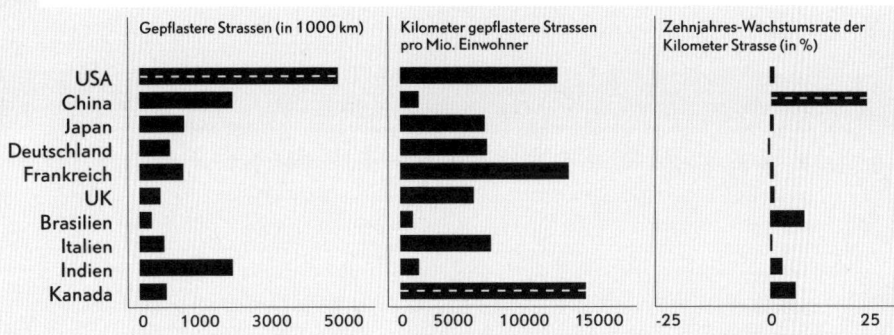

ÖLFÖRDERUNG: DIE USA FÜHRT WEITER AN, ABER CHINA HOLT AUF

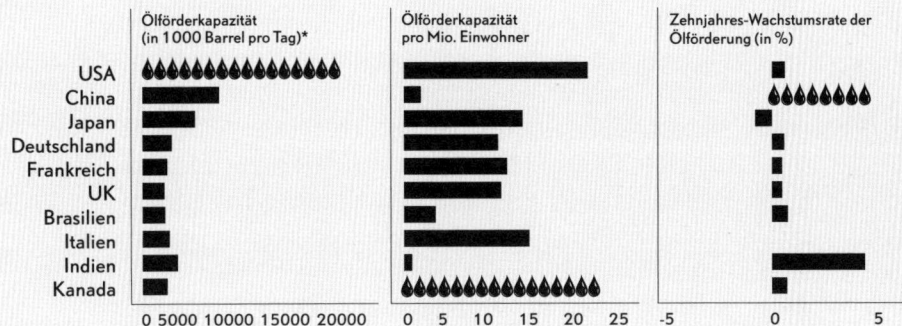

ENERGIEVERSORGUNG: SCHWELLENLÄNDER INVESTIEREN AM STÄRKSTEN

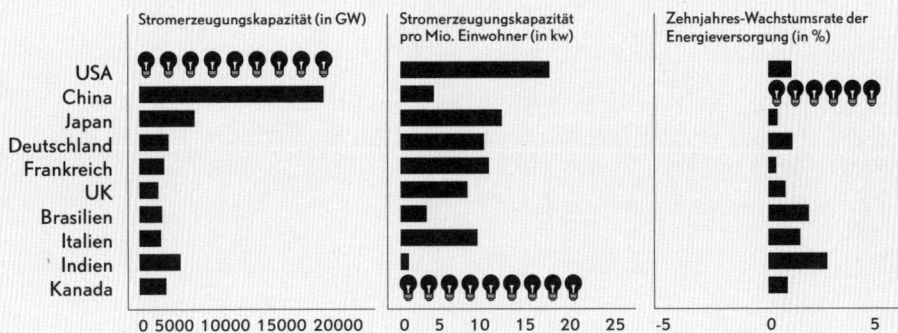

KOMMUNIKATION (INTERNET): CHINA HAT DIE MEISTEN ABONNENTEN, AM BESTEN AUSGERÜSTET IST ABER FRANKREICH

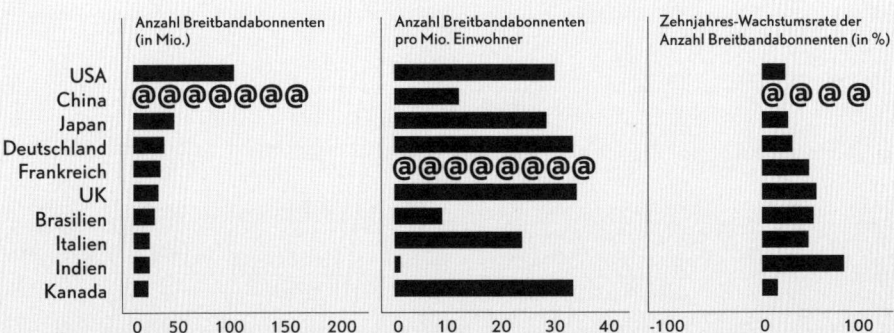

* Ein Barrel entspricht rund 160 Litern Öl
Quellen: CIA World Factbook, World Bank, International Road Federation, EIA, International Telecommunications Union, UN.

WIE HACKER DER WIRTSCHAFT HELFEN

www.fastcompany.com/3004578/how-hackers-can-be-good-business

Die niederländische Regierung hat ein neues Gesetz entwickelt, das Hackern offiziell erlaubt, ihrer Arbeit nachzugehen. Das Justiz- und Sicherheitsministerium des Landes hat erkannt, dass verantwortungsbewusstes Hacking einen Beitrag zur Verbesserung der Sicherheit im Software- und Technologiebereich leisten kann und setzte Richtlinien fest, die Hackern erlauben, den zuständigen Behörden systemische Gefahrenquellen zu melden.

Die neuen Regeln sehen vor, dass die identifizierten Schwachstellen für 60 Tage unter Verschluss gehalten werden. Das soll der Firma Zeit geben, das Leck zu stopfen. Zudem wird erwartet, dass der Fund nicht von dessen Entdeckern überstrapaziert wird, sprich: Veränderungen des betroffenen Systems und wiederholtes Eindringen sind nicht gestattet. Das wiederum gibt Firmen keinen Anlass, die sogenannten White Hat-Hacker – Hacken für das Gute – strafrechtlich zu verfolgen. Zur Vereinfachung des Vorgangs sollen die Behörden das National Cyber Security Center als Mittler hinzuziehen. Die niederländische Regierung behält sich aber weiterhin vor, weniger ethisch gesinnte Hacker zu ahnden.

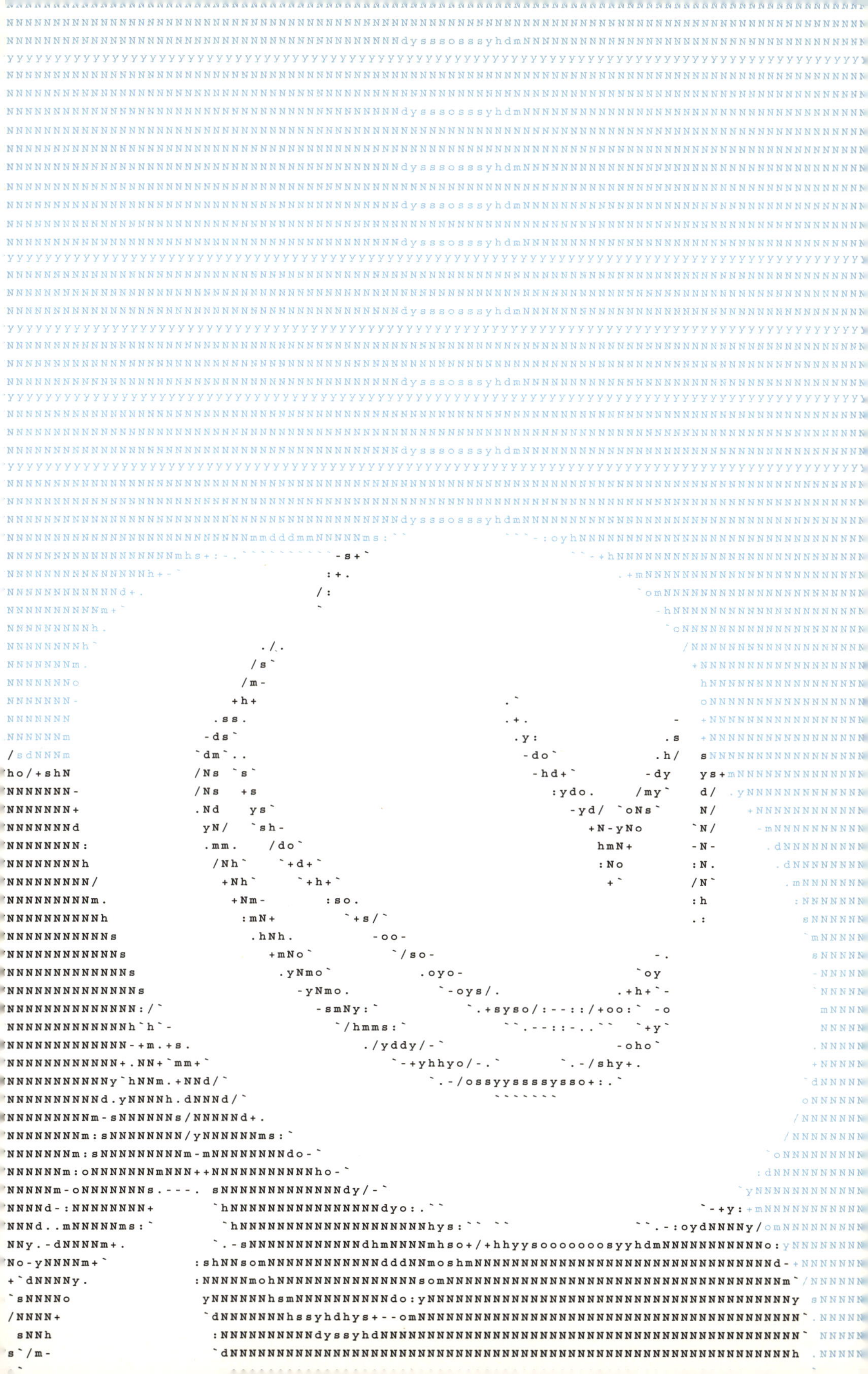

FINANZMARKTÖKOLOGIE

seedmagazine.com/content/article/ecology_of_finance/

In Anbetracht der aktuellen Wirtschaftslage dämmert es auch eisigen Verfechtern: Der Kapitalismus hat Schwachstellen. Strategien, um eine Wiederholung des 2008er-Finanzdebakels abzuwenden, kommen unter anderem aus der Biologie. Eines der Konzepte sieht vor, die Wirtschaft als Ökosystem zu begreifen. Die Wissenschaftler Simon Levin von der Princeton University, George Sugihara vom Scripps Institute und Bob May von der Oxford University stellten Öko- und Finanzsysteme einander gegenüber und wiesen markante Analogien nach. Die Forscher konnten zeigen, dass es sich in beiden Fällen um Orte mit Wettbewerb um limitierte Ressourcen, Konkurrenz, Ausbeutung und Kooperationsdrang handelt; komplexe Systeme, deren Entwicklung massgeblich vom Verhalten einzelner Variablen abhängt. Sugihara erklärt diese Dynamik anhand des Rabenfischs. Zu dessen Fortpflanzung müssen bestimmte Faktoren in einem ganz spezifischen Mass auftreten. Bleibt nur eine Variable leicht über oder knapp unter dem Schwellenwert, multiplizieren sich die einzelnen Faktoren mit null und alles bleibt beim Alten. Sprich: ist die Strömung zu stark oder zu schwach, kann der Laich sich nicht ernähren und stirbt. Und herrscht nicht gerade Vollmond, vermehren sich die Fische gar nicht erst.

Genau wie das Reproduktionsmuster der Fische, glauben die Forscher, sei auch der Finanzmarkt ein System, bei dem einzelne Faktoren derart ausschlaggebend sind, dass es kaum etwas nütze, noch so viele andere Regulierungen vorzunehmen: Solange die zentralen Variablen und die Schwellenwerte, die sie nicht überschreiten dürfen, nicht kontrolliert werden können, wird das Resultat aller sonstigen Bemühungen ein nichtiges sein. Wie es beim Rabenfisch

keine Nachkommen gibt, komme dann auch beim Finanz-
system keine Veränderung zustande – und die Gefahr einer
erneuten Weltwirtschaftskrise sei kaum minimiert. Zwar ist
die Wissenschaft noch weit davon entfernt, die ausschlagge-
benden Faktoren bestimmt zu haben. Eine systematische
Beobachtung etwa der Ausbreitung von Gerüchten, von ge-
häuften Zahlungsausfällen oder Geldflüssen allgemein, um
allzu risikoreiche Player orten zu können, wären jedoch ein
erster Schritt.

© EnableTalk

SPRECHENDE HANDSCHUHE FÜR TAUBSTUMME

www.enabletalk.com

Ein häufiges Problem, auf das Taubstumme im Alltag treffen, ist die Verständigung mit ihren hörenden Mitmenschen. Denn nur wenigen ist die Gebärdensprache geläufig. Eine Gruppe von ukrainischen Studenten wollte nicht länger zusehen, wie ihre taubstummen Kommilitonen dadurch von Aktivitäten mit anderen ausgeschlossen waren. Sie entwickelten Handschuhe, die die Gebärdensprache eines Taubstummen in gesprochene Worte umwandeln können. Dazu messen insgesamt 15 flexible Sensoren die Stellung der Finger sowie die Bewegung des Handschuhs im Raum. Die Informationen werden von einem Mikroprozessor am Handschuh verarbeitet und via Bluetooth an das Handy des Gesprächspartners verschickt, wo die Übersetzung der erkannten Gesten in Text mit Hilfe einer App erfolgt. Durch die Software des Telefons wird der Text zudem gesprochen. Zwar befindet sich das Projekt «Enable Talk» noch in der Entwicklungsphase; die Studenten arbeiten jedoch weiter am Ausbau der Datenbank zur Worterkennung und sind zuversichtlich, das Produkt zur Marktreife bringen zu können. Einem einfachen Gespräch zwischen Taubstummen und Nicht-Gebärdensprachler auf der Strasse würde so nichts mehr im Wege stehen.

FAHRSTUHL ZUM MOND
www.economist.com/node/21561113

Bereits in den Sechzigerjahren hat die Menschheit von einem Fahrstuhl zum Mond geträumt. Bald aber wurde die Idee als Science-Fiction-Phantasie abgetan. Zu Unrecht. Auf der Space-Elevator-Konferenz 2012 in Seattle wurden kürzlich konkret die Möglichkeiten eines solchen Lifts diskutiert. Denn die grosse, schwere Mondlandekapsel für jeden Transport in den Mond-Orbit zu hieven, ist unglaublich teuer. Also wurde die alte Idee, ein Kabel zwischen einem Satelliten im Orbit des Monds und einer Basis auf dem Äquator des Trabanten zu installieren, aus der Schublade geholt. Damit diese Sache funktionieren würde, müsste der Satellit im Orbit synchron mit der Umlaufzeit des Monds laufen, so dass ein Kabel zwischen den beiden Fixpunkten auf der Oberfläche und im All jederzeit straff gespannt wäre. In dem Fall könnten robotergesteuerte Kapseln entlang des Kabels auf und ab fahren und sowohl Menschen als auch Güter hin und her transportieren. Die Voraussetzungen für einen solchen Mondaufzug wären gegeben: Das Kabel könnte aus bereits existierenden Materialien wie etwa Kevlar oder Zylon bestehen, die heute für schusssichere Westen verwendet werden. Sie sind leicht und wären gleichzeitig stark genug, um der Gravitation des Monds zu widerstehen.

Die Forschungsgruppe LiftPort sieht im Weltraumlift grosses Potenzial: 800 Milliarden US-Dollar wären angeblich genug, um einen Aufzug zu bauen, der mit durch Sonnenenergie angetriebenen Motoren regelmässig 200 kg zum Mond transportieren könnte. Die Frage nach der Rentabilität beantwortet das Weltraumtouristik-Unternehmen Space Adventures: Sie sehen einen angemessen grossen Markt für Ausflüge mit Nahansicht des Monds für etwa 150 Millionen US-Dollar pro Person. Picknick im Mondschein? Gewiss. Der Milliardär von Welt beeindruckt durch Abendessen mit Mond vor der Nase – per Knopfdruck.

AUFLADEN IM SCHAUKELSTUHL
www.micasa.ch//de/cp.lab-irock

Gemütlich im Schaukelstuhl sitzen, nebenbei Zeitung lesen und seinen Enkeln beim Spielen zusehen – von gestern. Die zeitgemässere Variante: Ersetzen Sie die Zeitung durch ein iPad und laden Sie es gleich durchs Schaukeln auf. Im Labor des Schweizer Möbelherstellers Micasa wird bereits an solch einem Schaukelstuhl für den genussvollen Apple-Nutzer gebastelt. iRock soll er heissen, rund 1300 US-Dollar kosten und in der Lage sein, die Bewegungen beim Schaukeln durch einen Generator in Strom umzuwandeln. Eine Stunde Wiegen reicht, um ein iPad um bis zu 35 Prozent aufzuladen – und das auch noch umweltfreundlich: Kein Atomkraftwerk ist für die Stromproduktion von Nöten, nur die eigene Schaukelkraft. Das iPad und andere Apple-Geräte wie das iPhone können dabei in eine spezielle Halterung an der Armlehne gesetzt werden. Man liegt gemütlich im Schaukelstuhl, lädt das Gerät wie nebenbei auf, kann bequem lesen und durch eingebaute Lautsprecher in der Rückenlehne sogar der eigenen Musik lauschen.

DUFTENDE JUWELEN

www.jodykocken.com/PerfumeTools.php

Düfte berühren und verführen die Sinne. Doch für viele führt die Berührung von Duftstoffen auf der Haut nicht zu Sinnesfreuen, sondern zu allergischen Reaktionen. Um sich und anderen Frauen in der gleichen Lage zu helfen, designte die Niederländerin Jody Kocken daher «duftenden Schmuck». Ihre Ohrringe, Armbänder und Halsketten der Linie Perfume Tools verfügen alle über eine metallische Kapsel, die auf den Hals einer Parfumflasche aufgesetzt und so mit einer kleinen Menge des Lieblingsdufts gefüllt werden kann. Nach Befüllung verschliesst man die Kapsel wieder mit dem dazugehörigen Schraubdeckel. Wird der Schmuck nun getragen, erwärmt sich das verwendete Edelmetall der Kapsel und sorgt dafür, dass sich der Duft im Laufe des Tages verflüchtigt und vom Schmuck abgegeben wird – ohne dabei direkt die Haut zu berühren. Allergikerinnen können also beruhigt einatmen.

MINNIE MAUS ENTFÜHRT UNS INS LAND DER TRÄUME

www.japantrendshop.com/DE-hug-and-dream-kuscheltraum-minnie-maus-p-1517.html

Eltern von Kleinkindern leiden fast alle am gleichen Problem: an permanenter Schlaflosigkeit. Eine neue Disney-Puppe könnte Abhilfe leisten. Die Umarm-mich-und-träume-Minnie-Maus des japanischen Spielzeugherstellers Takara Tomy soll Kindern einen tiefen Schlaf bescheren. Das plüschige Stofftier ist nicht nur in angeblich beruhigenden, da dezenten Farben gehalten, sondern verfügt auch über einen eingebauten Atmungsmechanismus. Sprich: Die Minnie Maus atmet. Ihre Atemzüge und -geräusche sollen sich auf den Einschlafenden übertragen, indem sich dieser langsam dem Schlafrhythmus der Puppe anpasst. Die Gleichmässigkeit der Atmung sorgt für Beruhigung und einen tiefen und erholsamen Schlaf. Entwickelt wurde die Puppe in Zusammenarbeit mit Kognitions- und Atmungsforschern der Showa-Universität in Tokio. Die Puppe ist zwar für aufgedrehte Kinder gedacht, könnte aber auch vielen gestressten Erwachsenen erholsame Nächte bereiten.

ZUR LEBENSDAUER VON SPEICHERMEDIEN

www.coolinfographics.com/blog/2012/8/14/the-lifespan-of-storage-media.html

Die meisten Leute speichern ihre Fotos auf CD oder einer Festplatte. Doch die Lebensdauer dieser beliebten Speichermedien ist sehr viel kürzer, als man denkt. Damit ihre liebsten Fotos und Videos auch sicher sind, hier ein kleiner Guide, welche Speichermedien robust sind und wirklich lange ihre Daten erhalten.

* Vereinfacht gesagt beschreibt die Cloud die Auslagerung von Daten und Rechenleistungen an mehrere Computer über das Internet. Die Cloud gilt als die sicherste und langlebigste Art, um Daten zu speichern, da im Falle eines Computerausfalls die Daten immer noch an einem anderen Ort der Cloud gespeichert wären.

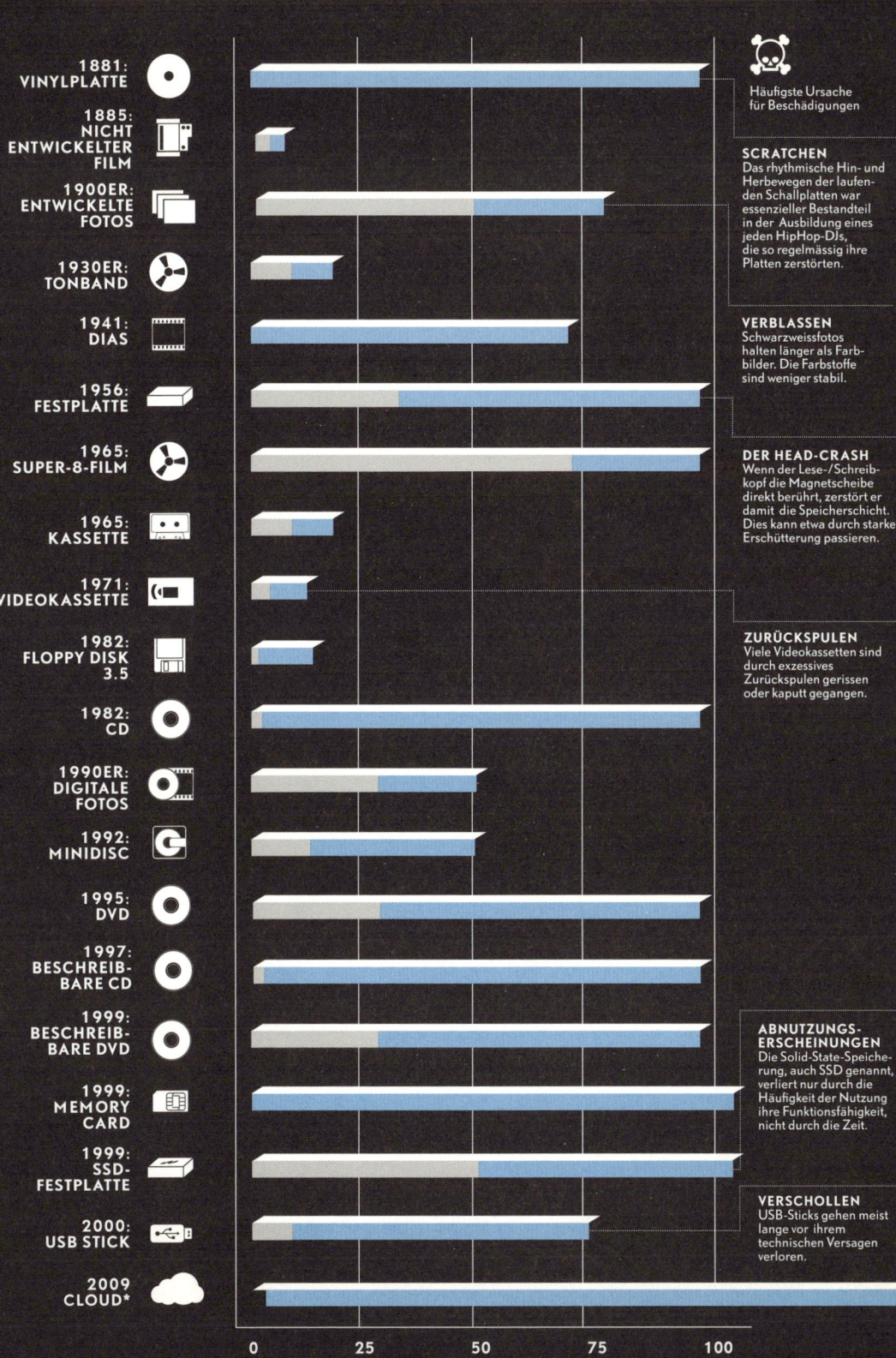

DER ÄLTESTE DATENTRÄGER ZÄHLT ZU DEN LANGLEBIGSTEN

1881: VINYLPLATTE

1885: NICHT ENTWICKELTER FILM

1900ER: ENTWICKELTE FOTOS

1930ER: TONBAND

1941: DIAS

1956: FESTPLATTE

1965: SUPER-8-FILM

1965: KASSETTE

1971: VIDEOKASSETTE

1982: FLOPPY DISK 3.5

1982: CD

1990ER: DIGITALE FOTOS

1992: MINIDISC

1995: DVD

1997: BESCHREIB-BARE CD

1999: BESCHREIB-BARE DVD

1999: MEMORY CARD

1999: SSD-FESTPLATTE

2000: USB STICK

2009 CLOUD*

Häufigste Ursache für Beschädigungen

SCRATCHEN
Das rhythmische Hin- und Herbewegen der laufenden Schallplatten war essenzieller Bestandteil in der Ausbildung eines jeden HipHop-DJs, die so regelmässig ihre Platten zerstörten.

VERBLASSEN
Schwarzweissfotos halten länger als Farbbilder. Die Farbstoffe sind weniger stabil.

DER HEAD-CRASH
Wenn der Lese-/Schreibkopf der Magnetscheibe direkt berührt, zerstört er damit die Speicherschicht. Dies kann etwa durch starke Erschütterung passieren.

ZURÜCKSPULEN
Viele Videokassetten sind durch exzessives Zurückspulen gerissen oder kaputt gegangen.

ABNUTZUNGS-ERSCHEINUNGEN
Die Solid-State-Speicherung, auch SSD genannt, verliert nur durch die Häufigkeit der Nutzung ihre Funktionsfähigkeit, nicht durch die Zeit.

VERSCHOLLEN
USB-Sticks gehen meist lange vor ihrem technischen Versagen verloren.

0   25   50   75   100

Durchschnittliche Nutzungsdauer　　Haltbarkeit bei extremer Sorgfalt　　Lebensdauer (in Jahren)

SCHAFE ALS GÄRTNER MIETEN

www.artefact.de/de/aktuelles/laufenten-nacktschnecke-problem-garten.html

Nicht nur Autos, Fahrräder oder teure Baumaschinen können gemietet werden. Werner Kiwitt vom Zentrum für
nachhaltige Entwicklung in Schleswig-Holstein vermietet
auch natürliche Gartengeräte: Schafe, die den Rasen mä-
hen, oder Indische Laufenten, die die lästigen Nacktschne-
cken fressen – Gratisdünger mit inbegriffen. Besonders das
Geschäftsmodell «Rent an Ent» erfreut sich erstaunlicher
Beliebtheit. Kiwitt hat bereits Anfragen aus ganz Deutschland. Vor allem Gartenbesitzer mit Kindern sind froh, auf
Gift und Chemie verzichten zu können. Und wer die Tiere
nach abgelaufener Mietdauer dann zu sehr ins Herz ge-
schlossen hat, kann an der Nachfolgeaktion teilnehmen:
«Buy 2 Ei», um seine Gärtner selber aufzuziehen.

WETTERMACHERPOLLEN

www.tuwien.ac.at/aktuelles/news_detail/article/7643

Wer sich seit Jahren über die verregneten Sommer ärgert, könnte nun eine Erklärung dafür bekommen. Denn durch den Klimawandel steigt die Pollenproduktion an – vermutlich, deswegen, weil die verstärkte CO_2-Konzentration das Pflanzenwachstum beschleunigt. Und Pollen beeinflussen nicht nur die Nasen und Nerven von Allergikern, sondern auch unser Wetter stärker als bisher angenommen, wie Materialchemiker der TU Wien herausgefunden haben. Der Grund: Die winzigen Wassertröpfchen, aus denen die Wolken bestehen, gefrieren nicht zwingend automatisch bei null Grad Celsius. Sie brauchen dazu einen sogenannten Nukleationskeim – zum Beispiel Russpartikel, Pilzsporen oder Mineralstaub –, an dessen Struktur sich die Wassermoleküle beim Gefrieren orientieren können. Blütenstaub selbst dringt zwar kaum bis in die Troposphäre vor – also in jene Höhe, in der die Eisbildung sich ereignet. Die Makromoleküle von Pollen aber schon. Und auch die reichen bereits aus, um den Gefriereffekt zu erzielen, wie die Forscher zeigen konnten. Dadurch nimmt die Niederschlagsmenge zu – in Form von Hagel, Schnee oder Regen, falls die Eiskristalle eine wärmere Umgebung erreichen und wieder zu Tropfen schmelzen.

LEDERMANTEL AUS DEM LABOR

modernmeadow.com

Bis 2050 wird sich der Fleischbedarf der Menschheit verdoppeln, so die Hochrechnungen von Nahrungsmittelexperten. Und mit dem anhaltenden Bevölkerungswachstum wird auch die Nachfrage nach Leder explodieren, wobei die – oft nicht artgerechte – Tierhaltung nicht nur massenweise Klimagase produziert, sondern auch für den Menschen wertvolle Ressourcen wie Ackerland, Wasser und Energie verbraucht. Die Firma «Modern Meadow» experimentiert deshalb nicht nur mit der künstlichen Herstellung von Fleisch. Auch Leder soll in Zukunft im Labor gezüchtet werden. Bereits gelang es, Zentimetergrosse Kalbslederstücke wachsen zu lassen: Hautzellen von toten Tieren wurden isoliert und in einer Nährlösung vermehrt. Komplexere Muster wie Krokodil- oder Schlangenleder sollen folgen. Und in fünf Jahren wird laut «Modern Meadow»-CEO Andras Forgacs bereits die Massenproduktion von Lederwaren aus dem Labor möglich sein. Die Forscher sind sogar überzeugt, dass deren Qualität jene von echtem Leder bald schon übertreffen wird: Je nach Bedarf kann das Leder widerstandsfähiger, geschmeidiger oder elastischer gemacht werden.

DIE FATALE GEHEIMNISKRÄMEREI
DER KLIMAFORSCHER

www.zeit.de/2012/41/Vier-Grad-Klimapolitik-Klimawandel

Nach wie vor verteidigen Politiker rund um den Globus verbissen die Illusion, alles sei halb so wild. Und die Welt könne in Ruhe entscheiden, ob sie die Erderwärmung in diesem Jahrhundert lieber auf 2 oder 1,5 Grad beschränken möchte. Dabei sind 4 Grad das Mindeste, mit dem wir rechnen müssen. Denn die Empfehlungen, die den globalen Klimakonferenzen zugrunde liegen, beruhen auf längst überholten Berechnungen, die seit Jahren nicht aktualisiert wurden. Dies, obwohl allein das Scheitern der Verhandlungen am Klimagipfel in Kopenhagen 2009 den Kampf gegen die globale Erwärmung um mindestens fünf Jahre zurückgeworfen hat. Fünf Jahre Verzögerung, die bedeuten, dass weltweit jedes Jahr aufs Neue 2 Prozent Emissionen zusätzlich eingespart werden müssten. Auch das rasante Wachstum der asiatischen Schwellenländer wird in der Verhandlungsgrundlage für die jährlichen UN-Klimagipfel nicht berücksichtigt. Dabei entspricht das, was die Industrieländer mit vereinten Kräften in den vergangenen 20 Jahren an Klimagasen eingespart haben, inzwischen dem, was in den Schwellen- und Entwicklungsländern in einem einzigen Jahr hinzukommt. Der Grund für das grosse Schweigen darüber? Für den Fakt, dass die renommiertesten Klimawissenschaftler, auf deren Aussagen sich die Weltpolitik stützt, die realen Zahlen zwar in Fachzeitschriften publizieren, aber nicht mit Pauken und Trompeten in die Öffentlichkeit tragen? Man kann nur spekulieren. Entweder wollen sie es sich nicht mit ihren Auftraggebern verscherzen, oder sie handeln taktisch: Schliesslich ist klar, dass schärfere Forderungen eine Einigung der Konfliktparteien zusätzlich erschweren würden – und somit den Klimawandel weiter beschleunigen.

AUS AUTOS BÄUME MACHEN

scrapcarplanttree.org.uk

Das schlechte Gewissen, das so einige Autofahrer plagt, kann nun minimiert werden. Diese können ihr Vehikel, sobald sie es nicht mehr wollen, jetzt nämlich spenden – und zwar «Scrap Car Plant Tree». Dies ist ein Unternehmen, das die Gebrauchtwagen entweder verschrottet und in Teilen weiterverkauft oder, sofern sie noch strassentauglich sind, als Ganzes versteigert. Das so erworbene Geld wird für das Pflanzen von Bäumen verwendet, um Städte ökologischer zu machen. Im Schnitt bewirkt ein verschrottetes Auto 13 Bäume, bei Auktionen kommt pro Stück oft eine noch ungleich grössere Baumgruppe zustande.

Wer weiss: Vielleicht tragen unsere urbanen Grünflächen also bald Autonamen. Und statt einer Sonntagsausfahrt im Audi unternimmt man dann ganz einfach einen Spaziergang im Mercedes- oder Fiat-Park.

PARFÜMS AUS KÜNSTLICHEM WALERBROCHENEM

www.ecomagination.com/the-sweet-smell-of-synthetic-whale-ambergris

Vielleicht war Ihnen nicht bewusst, dass Sie, wenn Sie besser riechen wollen, Walerbrochenes auf Ihre Arme sprühen. Und damit unwissentlich die Jagd auf eine aussterbende Spezies fördern, da der wertvolle Stoff sich in besonders grossen Mengen – in bis zu 400-kg-Klumpen – in den Mägen der Tiere befindet. Denn wenn Pottwale Unverdauliches wie Schnäbel, spitzige Muschelschalen oder Krabbenscheren schlucken, bildet ihr Körper Amber – eine klebrige Masse, die diese umschliesst, um die Organe zu schützen. Die wächserne Substanz wird dann entweder im Magen eingelagert, ausgeschieden oder erbrochen – und der anfängliche Fäkalgeruch entwickelt sich nach und nach zu einer süsslich-erdigen Duftnote mit aphrodisierendem Einschlag. Diese wird rund um die Welt als Basisnote von Parfüms eingesetzt und Amber zum Teil fast so teuer wie Gold gehandelt.

Das Problem ist aber nicht nur, dass Pottwale vom Aussterben bedroht sind, sondern dass die Bildung von Amber womöglich auch die Folge einer Stoffwechselerkrankung ist: Nur einer von 100 Pottwalen produziert die Substanz. Kein Wunder also, dass ihr Duft seit Längerem auch künstlich hergestellt wird. Die Gewinnung einer Essenz der Balsamtanne, die dem Geruch sehr nahe kommt, ist allerdings höchst ineffizient, da nur gerade 30 Prozent des Materials anschliessend brauchbar sind. Nun haben Forscher der University of British Columbia eine nachhaltigere Alternative gefunden: Sie haben den genetischen Code der duftenden Tannensubstanz geknackt, extrahiert, in Hefezellen verpflanzt und dort wachsen lassen. Auch für Nachtschwärmer gut zu wissen: Der betörende Duft des Gegenübers ist in Zukunft vermutlich ein nachhaltig produziertes Bioprodukt, nicht mehr das Erbrochene eines kranken Wals.

VERSCHWENDETES TALENT

www.good.is/post/infographic-wasted-talent

Der ausländische Taxifahrer ist das Klischee, das in vielfacher Ausführung die Realität des amerikanischen Traums abbildet. Kaum in der neuen Heimat angekommen, bleibt auch hochqualifizierten Fachkräften oft nichts anderes übrig, als unterbezahlte Jobs anzunehmen, die mit ihrer eigentlichen Befähigung nichts zu tun haben. Die Infografik zeigt wie, wo und in welchem Ausmass das immigrierte Talent verschwendet wird.

DAS UNGENUTZTE POTENZIAL IMMIGRIERTER ARBEITSKRÄFTE IN DEN USA

DER BILDUNGSSTAND VON EINWANDERERN STEIGT STETIG

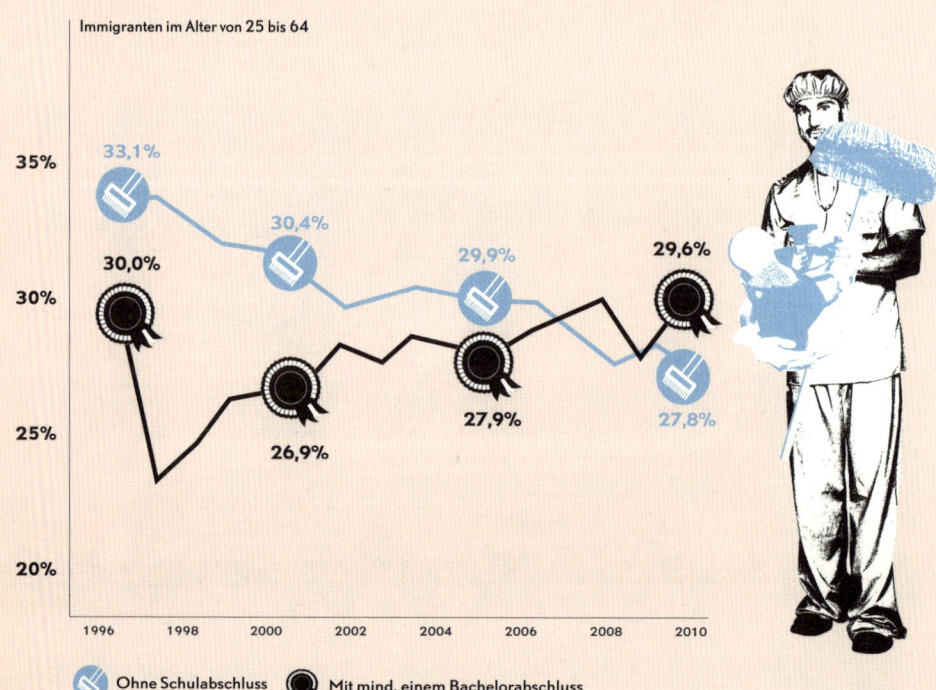

Immigranten im Alter von 25 bis 64

33,1%
30,4%
29,9%
29,6%
30,0%
27,9%
27,8%
26,9%

35%
30%
25%
20%

1996 1998 2000 2002 2004 2006 2008 2010

Ohne Schulabschluss   Mit mind. einem Bachelorabschluss

TROTZ GLEICHER AUSBILDUNG SIND IMMIGRANTEN HÄUFIGER ARBEITSLOS ALS EINHEIMISCHE

VERGLEICH ABSCHLÜSSE

Über 25-Jährige mit dem jeweiligen Abschluss

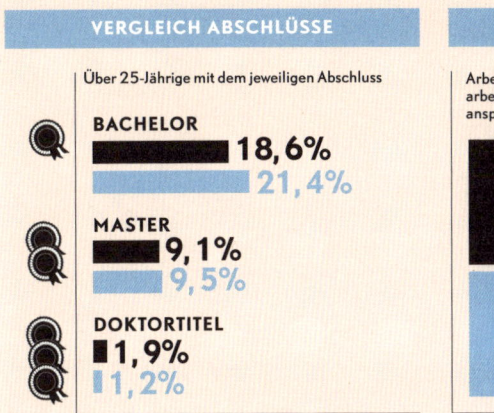

BACHELOR
18,6%
21,4%

MASTER
9,1%
9,5%

DOKTORTITEL
1,9%
1,2%

VERGLEICH ARBEITSLOSIGKEIT

Arbeitskräfte mit Hochschulabschluss, die entweder arbeitslos oder in einem schlecht bezahlten und wenig anspruchsvollen Job tätig sind

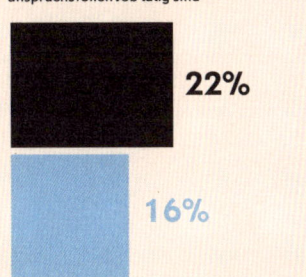

22%

16%

IN EINIGEN DER WICHTIGSTEN INDUSTRIEN SIND ZUGEWANDERTE BESSER AUSGEBILDET

Hochqualifizierte Arbeitskräfte in der jeweiligen Branche, mit Bachelorabschluss (in Prozent)

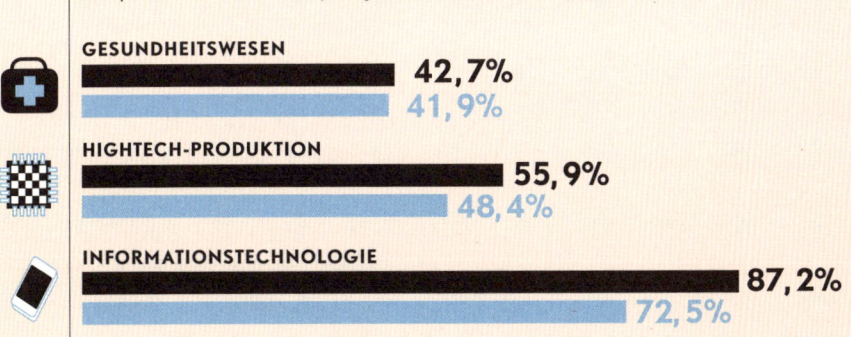

GESUNDHEITSWESEN
42,7%
41,9%

HIGHTECH-PRODUKTION
55,9%
48,4%

INFORMATIONSTECHNOLOGIE
87,2%
72,5%

VIER FAKTOREN ERKLÄREN DIE UNTERBEWERTUNG AUSLÄNDISCHER ARBEITNEHMER

1 EINGESCHRÄNKTE SPRACHKENNTNISSE

3 NICHT GENÜGEND ERFAHRUNG AUF DEM US-ARBEITSMARKT

2 ZU WENIG MIT DEN EIGEN-HEITEN DES US-ARBEITS-MARKTS VERTRAUT

4 MANGELNDE ANERKENNUNG AUSLÄNDISCHER ABSCHLÜSSE

Während die ersten drei Gründe weitgehend nachvollziehbar sind, gilt es, das Anerkennungsverfahren für im Ausland erworbene akademische Grade zu verbessern, so dass gut ausgebildete Immigranten eine faire Chance erhalten, auf dem US-Arbeitsmarkt Fuss zu fassen.
Quelle: Migration Policy Institute

■ Immigrierte ■ Einheimische

Von links nach rechts: AL, AK, AZ, AR, CA, CO, CT, DE, FL, GA, HI, ID, IL, IN, IA, KS, KY, LA, ME, MD, MA, MI, MN, MS, MO, MT, NV,
NH, NJ, NM, NY, NC, ND, OH, OK, OR, PA, RI, SC, SD, TN, TX, UT, VT, VA, WA, WI, WV, WY

FETTE STAATEN
Der Anteil fettleibiger Bürger je Staat
★ 20,7 % ♥ 34,9 %

ALTERNATIVE AMERIKANISCHE FLAGGEN

mgmtdesignflags.com

So unterschiedlich die Länder der Welt auch sind, ihre Flag-
gendesigns folgen recht simplen Prinzipien: ein paar farbige
Streifen, eine Handvoll Sterne und das eine oder andere Na-
tionalemblem. Für das «(Re)Flag America»-Projekt des Museum of Modern Art in San Francisco liess sich das Design-
studio Mgmt. von klassisch amerikanischen Wahrzeichen
wie Baseball, TV und Fastfood inspirieren. Dabei entstanden 50 neue USA-Flaggen, die die Grenze zwischen Staats-
repräsentation und statistischen Datensätzen verschwim-
men lassen. Jedes der neuen Designs gibt zudem eine
Wahrheit über das Land der unbegrenzten Möglichkeiten
preis.

NATION DER FLEISCHESSER
Ein Amerikaner konsumiert durchschnittlich 122 kg Fleisch im Jahr.

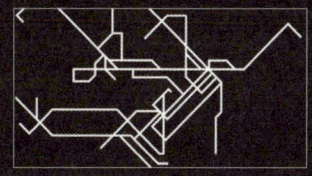

SCHWARZES GOLD
Karte der Erdölpipelines durch die USA.

**ANDEREN HELFEN...
ABER NICHT ZU VIEL**
2008 floss etwa 1 Prozent des amerikanischen Haushaltsbudgets in die Auslandshilfe.

STAATSOBERHÄUPTER
Die amerikanischen Präsidenten gemäss ihrer ethnischen Abstammung.

FROHES SCHIESSEN
47 Prozent der erwachsenen Amerikaner besitzen eine Schusswaffe.

UFO-GLAUBE
36 Prozent aller Amerikaner glauben an Ufos.

DIE, DIE IN NOT SIND
Die staatlichen Programme zur Bekämpfung von Armut helfen einem von sechs Amerikanern.

SCHULDNER-STAAT
Staatsverschuldung der USA, 2000–2010.

ENERGIEHUNGER
US-Bürger sind für 26% des weltweiten Energieverbrauchs verantwortlich.

BIG MACS FÜR ALLE
McDonald`s deckt 43 Prozent des gesamten US-Fastfood-markts ab.

ATOMLAND
Die Standorte aller aktiven und inaktiven Nuklearwaffen-Testgebiete der USA.

**EIN GROSSER
HÜHNERKÄFIG**
Auf eine Person kommen in den Staaten 30 Hühner.

DER KAMPF UM DIE KRONE
Die Amerikaner gaben letztes Jahr über 10 Milliarden USD für Schönheitsoperationen aus. Das Staatsbudget für die Weltraumoperationen der NASA lag bei 3,5 Milliarden USD.

**BIN FISCHEN (KOMME
GLEICH ZURÜCK)**
Der Amerikaner hat durch-schnittlich 13 Tage bezahlten Urlaub im Jahr. Zum Vergleich: Italiener haben 42.

**KNASTBRÜDER
UND –SCHWESTERN**
Einer von 32 Amerikanern ist im eigenen Land entweder im Gefängnis oder auf Bewährung.

GESUNDHEITSHACKER

healthpopuli.com/2012/10/23/the-new-bio-terrorism-medical-device-hacking

Hacker haben einen neuen Spielplatz. Mit dem Zuwachs medizinischer Gerätschaften und der Ausweitung mobiler Plattformen im Gesundheitswesen liefert die heutige Medizintechnik ausreichend Nährboden für virtuellen Missbrauch. Das Szenario: Eine berühmte Persönlichkeit – sagen wir ein Politiker mit implantiertem Defibrillator – wird zum Ziel eines IT-Genies, das sich in die ICD-Software schleust. Per Mausklick verabreicht es dem prominenten Opfer einen Schock in der Stärke einer elektrischen Hinrichtung. Willkommen im Untergrund der Gesundheits-IT.

Diese Vorstellung ist keine verschwörungstheoretische Zukunftsvision. Bereits 2008 hatte eine Studie des Medical Device Security Center herausgefunden, dass es möglich ist, einen Standard-Herzschrittmacher so zu programmieren, dass er einen tödlichen 830-Volt-Schock übermittelt, wie Sicherheitsexperte Barnaby Jack im Interview mit IT-Wirtschaftsmagazin «CIO» erläutert. Ein kürzlich erschienener Report des Government Accountability Office empfiehlt der US Food and Drug Administration daher den Ausbau der Informationssicherheit für gewisse Gerätetypen. Zudem wird von mehreren Fällen massiven Virenbefalls berichtet. Weitere Gefahren lägen im unauthorisierten Zugriff, der Einschleusung von Schadprogrammen – die Liste liesse sich fortführen. Spezialisten wie Barnaby Jack vermuten, dass die FDA gar nicht über die nötige Expertise verfügt, um Sicherheitsüberprüfungen für jedes einzelne Gerät durchführen zu können. Nun denn, Stoff für den nächsten Blockbuster ist gefunden.

ZUM ZUSAMMENHANG VON MUSKELMASSE UND POLITISCHER GESINNUNG

www.economist.com/news/science-and-technology/21564825-man's-muscle-power-influences-his-beliefs?fsrc=rss%7Csct

Männliche Sperlinge sind kampflustige Biester. Sie signalisieren ihren Status über die Dunkelfärbung ihres Federkleids während der Balzzeit – je schwärzer, desto potenter. Weniger kräftige Vögel fordern ihre Alphakollegen niemals heraus, indem sie ihr Kleid dunkler erscheinen lassen als ihrer tatsächlichen Stärke angemessen. Denn sie wissen: Es gibt sonst aufs Maul. Weibliche Sperlinge hingegen enthalten sich dem Kleidchen-wechsel-dich-Spiel. Dr. Petersen von der Universität Aarhus und Dr. Sznycer der Universität von Kalifornien behaupten nun, dass Menschen ähnlich funktionieren wie diese kleinen Singvögel. Ihre Studie untersuchte, ob die politische Gesinnung einer Person – ähnlich der hierarchiegesteuerten Verhaltensweisen der Sperlinge – mit deren physischen Eigenschaften in Zusammenhang steht. Als Gradmesser für die politische Orientierung wurde der Standpunkt zur Ressourcenverteilung herangezogen. Die Muskelstärke mass sich am Umfang des angespannten, dominanten Bizepses der Probanden.

Man würde erwarten, dass Arme für die Umverteilung und Reiche dagegen stimmen, unabhängig davon, wie stark sie sind. Bei Frauen bestätigte sich die Vermutung. Reich wollte reich bleiben, arm wollte es werden. Bei Männern aber argumentierten nur die Starken zu ihrem persönlichen Vorteil. Geschlechtsgenossen mit weniger Muskelmasse dachten weitaus weniger eigennützig: Die Reichen waren für eine gerechtere Verteilung, die Armen fanden sich mit ihrem Schicksal ab. Die Schlussfolgerung der Forscher ist, dass man als untergeordneter Sperling – Mann – nicht in der Position ist, sein Revier zu verteidigen. Fazit: Man sollte sein Glück nicht herausfordern. Die Geschichte weiss das – und man selber meist auch.

SCHÖNER WOHNEN FÜR ARME

www.fastcoexist.com/1680603/low-income-housing-that-anyone-would-love-to-live-in#1

Sozialwohnungen erzählen Geschichten von Schädlings-befall, undichten Rohren und überschwemmten Sanitäranlagen – und all das auf der Fläche eines grösseren Schuhkartons. Anders in San Francisco: Die Richardson-Apartments im Stadtteil Hayes Valley versorgen ehemals obdachlose Bürger mit High-Class-Unterkünften und Service-Centern, die perfekt auf die Bedürfnisse sozial benachteiligter Stadtbewohner zugeschnitten sind.

Die Richardson Residence beherbergt 120 Parteien auf fünf Stockwerken, die mit je etwa 28 m² nicht riesig, aber durchaus vernünftig sind – wir kennen die Wohnungssituation in Grossstädten. Im Mietpreis inbegriffen sind ökogerecht aufbereitetes Holzinterieur, abnutzungsresistente Trockenbauwände, VOC-arme Farbe, Landschaftsarchitektur im Innenhof, eine begrünte Dachterrasse, mit Sonnenenergie betriebene Warmwasseraufbereitung, Solarpanele, intelligente Lichtsysteme, allgegenwärtige Handläufe und rollstuhlgängige Duschen. Darüber hinaus schliesst der Apartmentkomplex eine Beratungsstelle, medizinische Versorgung, einen Gemeinschaftsraum und eine Resident's Lounge mit ein. Im Erdgeschoss findet man weitere Dienstleister und Handelsflächen, unter anderem eine Bäckerei und ein Café, in denen Menschen mit Behinderung oder Obdachlose die Möglichkeit erhalten, Arbeitserfahrungen zu sammeln.

Bauprojekte wie die Richardson Residence gibt es auch in anderen Ecken der Welt. Um ein Apartment in Hayes Valley zu ergattern, wird ein Vorabtest auf Gewaltpotenzial durchgeführt. Wer den besteht und mit einer guten Portion Geduld die Warteliste meistert, darf optimistisch auf ein neues, besseres Leben hoffen. Für alle anderen: siehe oben.

KINDERZEICHNUNGEN ALS 3D-SKULPTUREN

crayoncreatures.com

Die Möglichkeit des Merchandising steht nicht mehr nur Walt Disney und Co. zur Verfügung. Auch die gezeichneten Kreaturen der eigenen Kinder können zu dreidimensionalen Figuren werden, die man Verwandten und Freunden verschenken kann. Der Designer Bernat Cuni von «Crayon Creatures» scannt die ihm zugesandten Bilder, bläst sie am Computer wie einen Ballon auf und modelliert die Form so, dass sie den Charme und die ganz eigene Energie der Kinderzeichnung beibehält. Anschliessend wird die digital erstellte Skulptur mit einem 3D-Drucker ausgedruckt, der exakt gemäss Vorlage Millimeter für Millimeter farbiges Gipspulver aufträgt und die Schichten vorzu miteinander verklebt. Schliesslich wird das Objekt getrocknet – und fertig ist das kleine Sandsteingeschöpf. Der Ausspruch, dass auch Kinder Künstler sind, ist natürlich nicht erst durch diese Methode ernst zu nehmen. Allerdings bekommt ihre Kunst nun endlich auch einen angemessenen Preis. Die höchstens 10 cm grossen Kreaturen kosten nämlich stattliche 100 Euro pro Stück.

FLIRTEN VIA FLASCHENPOST

www.digitalnewsasia.com/social/too-shy-to-hook-up-
in-a-bar-theres-a-qr-code-for-that

Unterbesuchte Bars müssen sich nun nicht mehr um hippes Mobiliar, die schönste Bedienung oder die tiefsten Preise bemühen. Es reicht, wenn sie das «Prinzip Flaschenpost» einführen, um überrannt zu werden. Das zeigt sich in «Harry's Bar» in Singapur, die seit ein paar Monaten Bier mit einem angehängten QR-Code-Etikett verkauft und damit den Umsatz im Nu vervielfacht hat. Wer sich die dazugehörige «Harry's Bottle Message Mobile App» herunterlädt, kann eine Nachricht verfassen, diese in den QR-Code integrieren und die verschlüsselte Botschaft an eine neue Flasche Bier hängen, die man der Person seiner Wahl spendiert und bringen lässt. Diese wiederum scannt den Text mit ihrem Smartphone und kann auf dem rückseitigen QR-Code antworten, wenn sie mag. Der Erfolg der Idee beruht auf der Überführung der Internet-Chatkultur in die reale Welt. Eine Konversation mit zunächst komfortablem Sicherheitsabstand und wenig Spontaneitätszwang kann so mit dem gleichzeitig unmittelbaren Eindruck einer Person kombiniert werden: keine Photoshopbilder, keine Alterslügen und allzu schmeichelhaften Beschreibungen einer angeblich ach so umwerfenden Ausstrahlung. Obwohl: Je mehr Nachrichten hin und her gehen, desto mehr Bier haben die Verfasser intus. Und das kann ja bekanntlich beschönigender wirken als jeder Photoshoptrick.

© www.uminoichi.com; www.gofishn.com

DAS GEFRORENE AQUARIUM

www.uminoichi.com/iceaqua.html

Als Reaktion auf die sommerlichen Hitzewellen der letzten
Jahre eröffneten findige Japaner ein gefrorenes Aquarium,
in dem sich Besucher gleichzeitig bilden, unterhalten und
abkühlen können. Das Museum Kori No Suizokukan in der

Stadt Kesennuma präsentiert 450 verschiedene Meeres-
bewohner – von seltenen Fischen über Krabben bis hin zu
Oktopussen – in wasserblau beleuchteten Eisblöcken. Und
lockt damit unzählige Besucher an, die ihren Hitzestau auf
angenehme Weise wieder loswerden wollen. Da die Tem-
peratur bei -20 Grad Celsius liegt, müssen die Besucher allerdings einen Spezialanzug tragen, ohne den sie bereits in-
nert fünf Minuten ernsthafte Schmerzen verspüren würden.

PIMP MY CAKE

www.bcakeny.com

Kunststudenten streben in der Regel an, Werke zu erschaffen, die möglichst bald möglichst unsterblich werden; nicht
solche, die nach einem Tag schon wieder Vergangenheit
sind. Ganz anders jedoch Miriam Milord, die ihr Kunststu-
dium abbrach, um fortan Kuchen zu designen. Als zu lukra-
tiv erwies sich das Business, das sie neben der Ausbildung
zunächst bloss als Hobby betrieb. So fertigt die Kölnerin in
ihrer New Yorker Backstube BCakeNY inzwischen täglich
Torten nach Mass – egal ob in Form von Uhren, Turnschu-
hen, Puppenstuben oder der Büste eines Hochzeitspaares.
Zu ihrer Klientel zählen bereits Filmemacher Terry Gilliam,
Rapper P. Diddy oder Reality-Soap-Star Kim Kardashian.
Gewöhnlich blättern Kunden zwischen 300 und 500 Euro
hin, einer liess sich seine Wunschtorte aber sogar 7000
Euro kosten. Für diesen Betrag hätte wohl schon so man-
cher Künstler gerne ein Werk verkauft, das deutlich länger
haltbar ist.

SECOND-HAND-HOCHZEITEN

www.bridalbrokerage.com

Paare, die ihre Hochzeit zwei Wochen vor dem Termin wieder platzen lassen, haben zumindest einen Trost: Sie müssen sich nicht so hoch verschulden – durch Ausfallhonorare für Fotografen, Hotels oder Hochzeitsbands. Und können damit erst noch andere glücklich machen. Die Agentur «Bridal Brokerage» hat sich nämlich auf Second-Hand-Hochzeiten spezialisiert: Wer selber in Zeitnot ist, aus irgendwelchen Gründen aber so schnell wie möglich heiraten «muss» oder ganz einfach Geld sparen will, kann ein gecanceltes Gesamtpaket übernehmen. Man kann auf der Agenturwebseite einfach den gewünschten Zeitraum und die Anzahl Gäste eintragen, und schon wird man mit Angeboten eingedeckt. Bleibt nur zu hoffen, dass das Fremdarrangement den eigenen Geschmack auch einigermassen trifft. Sonst kommt womöglich gleich die erste Missstimmung auf und das bei der Hochzeit gesparte Geld muss bald schon für den Scheidungsrichter ausgegeben werden.

FLUGHÄFEN ALS WELLNESSOASEN

www.fastcoexist.com/1680367/the-airport-of-the-future-is-about-more-than-takeoff-and-landing#1

Flughäfen sind kein Ort, an dem man sich gerne aufhält – im Gegenteil: Oft werden sie gar als «die Hölle» empfunden; als lästiger, aber unerlässlicher Teil der Reise. Das wollen die Flughafenbetreiber nun ändern – und dadurch gleichzeitig noch mehr Menschen anlocken, als die Touristenschleuse ohnehin schon passieren. So baut etwa der «Incheon International Airport» in Seoul einen riesigen Erholungspark mit Liegehallen, exotischen Pflanzen und Schmetterlingen. München führt bereits einen Biergarten mit eigener Brauerei, die natürlich besichtigt werden kann, Hongkong einen Golfplatz sowie die grösste Kinoleinwand der Stadt, Denver plant einen Dachwhirlpool mit Blick auf die Rocky Mountains und der Stockholm Arlanda Airport bietet Hochzeiten auf dem Kontrollturm an. Bald schon wird man eine Destination also vielleicht nicht mehr allein aufgrund ihrer Sehenswürdigkeiten, des milden Klimas oder sauberen Meers anfliegen, sondern auch wegen ihres Flughafens selbst, einer Art Disneyland für Weltenbürger.

2.

1.

3.

UMARMUNGSSHIRT *1.*

www.cutecircuit.com/hug-shirt

Von New York nach Tokio oder von Zürich nach Paris: Anstelle eines SMS können Freunde sich nun auch Umarmungen schicken – dank des Hug-Shirts der Londoner Designfirma CuteCircuit. Eingebaute Drucksensoren registrieren Ort, Stärke und Dauer des Drucks. Die Daten werden dann via Bluetooth zuerst ans eigene und von da aus ans Handy des Empfängers übermittelt, der die Umarmung in Form von wiederum per Bluetooth aktivierter Wärmestrahlung und Vibration zu spüren bekommt. Wer das Ganze dann noch mit einem Skypegespräch kombiniert, kommt einer realen Begegnung wohl tatsächlich schon recht nahe.

SCHIRM MIT REGENSIMULATOR 2.

www-human.ist.osaka-u.ac.jp/funbrella/index_en.html

Im Regen stehen kann ganz schön romantisch sein und einer Stadt erst noch eine wunderbar melancholische Atmosphäre verleihen – vor allem, wenn man dabei nicht nass wird. Deshalb haben Studenten der Osaka-Universität nun den Funbrella entwickelt, der beim Öffnen computergesteuerte Regengeräusche und sogar Vibrationen produziert, die sich anfühlen, als würden Regentropfen auf die Schirmoberfläche fallen. Wem das noch nicht reicht, der kann die Einstellung auch ändern – und Schlangen, Frösche, Hamburger oder Samurai-Attacken auf sich niederprasseln lassen.

COMPUTERHOSE 3.

www.saendorzone.de/archives/924

Modetechnisch dürfte es etwas fragwürdig sein. Doch wer es leid ist, unterwegs immer seinen Laptop auf den Knien balancieren zu müssen, der kann sich die Jeans von Erik De Nijs besorgen – zumindest, wenn der Prototyp tatsächlich bald in die Serienproduktion gehen sollte. Der Designer nutzte den reichlich vorhandenen Stoff der Baggy-Mode jugendlicher Hip-Hop-Fans nämlich dazu, eine Tastatur in voller Grösse auf den Oberschenkeln zu platzieren. Die dort eingegebenen Daten werden über Bluetooth an den Computer gefunkt. Ob man den am Reissverschluss angebrachten Joystick tatsächlich ebenfalls nutzen will, sei jedoch jedem selber überlassen.

ZAHNSPANGEN-MP3-PLAYER 4.

makingtoys.files.wordpress.com/2012/05/chacin_aisen_play-a-grill.pdf

Ein Schmuckstück wird zum Abspielgerät: Die New Yorker Designstudentin Asien Caro Chacin hat einen Grill – ein in der Hip-Hop-Kultur verbreiteter Schmuck aus Gold, Silber oder Diamanten, den man quasi als Zweitgebiss über den Zähnen trägt – in einen voll funktionstüchtigen MP3-Player umgewandelt. Steuern kann man ihn mit der Zunge, woraufhin die Vibration des Musikstücks via Zähne und Kiefer an die inneren Ohrknochen weitergeleitet wird. Wenn diese in Schwingung geraten, wird das vom Nervensystem als akustische Information interpretiert, während von aussen so wenig zu hören ist, als würde die Person einen Walkman tragen. Allerdings ist es auch möglich, den «Play-a-Grill» als Lautsprecher zu nutzen. Wer die Lautstärke entsprechend aufdreht, kann mit der konkaven Form seines Gaumens die Vibrationen so zum Widerhallen bringen, dass sie auch für andere hörbar werden. Noch ist das Gerät zwar bloss ein Prototyp. Abnehmer wären wohl aber nicht nur musikbegeisterte Tetraplegiker, sondern auch jede Menge technikaffine Rapper.

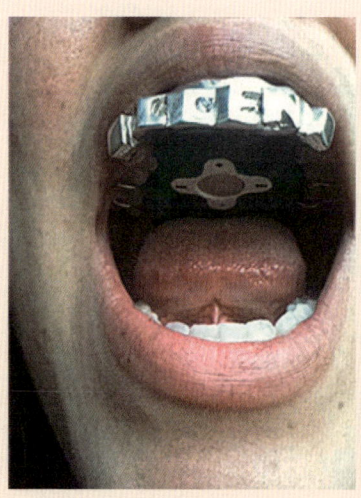 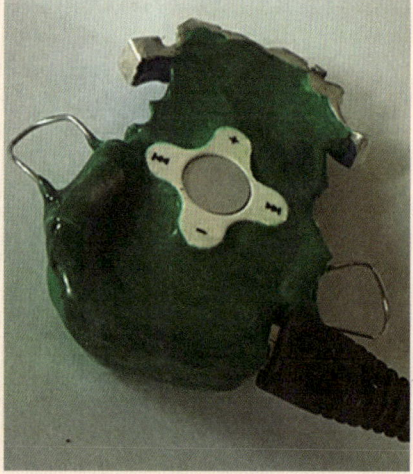

4.

5

LABYRINTHISCHES TÜRSCHLOSS 5.

www.thinkgeek.com/stuff/41/titaniumlabyrinth.html

Wem ein normales Zusatztürschloss mit Kette nicht reicht, um sich vollkommen sicher zu fühlen, dem sei die Defendius-Labyrinth-Version empfohlen: Der verschlungene Weg, der zur Entsperrung der Kettenvorrichtung führt, ist bereits ohne Sichtversperrung schwer zu finden und für einen Eindringling von aussen erst recht ein stundenlanges Geduldspiel. Da der Zielpunkt zur Entriegelung der Kette zudem so weit vom Türrahmen entfernt ist, dass man ihn ohnehin nur bei geschlossener Türe erreicht, hat die Polizei definitiv genügend Zeit, um ganz gemütlich einzutrudeln.

ERINNERUNGS-EHERING 6.

www.alaskajewelry.com/remember-rings-never-forget-anniversary-p-2040.html

Wenn Geburts- und Hochzeitstage vergessen gehen, ist das häufig gar noch schlimmer, als wenn man die neue Frisur des Partners nicht bemerkt. Deshalb gibt es nun den Rememberring, den Ehering der etwas anderen Art, der Partner durch Hightech-Elektronik an Jahrestage erinnert. Bereits 24 Stunden vor Erreichen des gespeicherten Datums erhitzt sich der Ring für zehn Sekunden auf 50 Grad Celsius – ein Vorgang, der sich anschliessend den ganzen Tag lang stündlich wiederholt. Die Temperaturerhöhung ist zwar nicht zu ignorieren, aber auch nicht unangenehm. Und nicht einmal umwelttechnisch muss der Träger ein schlechtes Gewissen haben: Die für die Sonderfunktion benötigte Energie speist sich aus gespeicherter Körperwärme, die in Strom umgewandelt wird. Letztlich ist es also doch wieder das eigene Herz, das für die Erinnerung sorgt.

SCHUHE MIT BISS 7.

fantichandyoung.co.uk/apex-predator-shoes

Wer an der nächsten Sitzung unmissverständlich kommunizieren will, wer der Boss ist, soll einfach die Füsse lässig auf den Tisch legen – und dabei das Schuhmodell Apex predator des englischen Designduos frantich & young tragen. Benannt nach den Spitzenprädatoren des Tierreichs – also Jägern, die an der Spitze der Nahrungspyramide stehen und keine natürlichen Feinde haben – sind sie das perfekte Accessoire für jedes menschliche Alphatier. Dass die Besohlung nicht aus 1050 echten, sondern ausschliesslich künstlichen Zähnen besteht, braucht ja niemand zu wissen.

7.

6.

8.

ARMBAND DER SONDERKLASSE 8.

boingboing.net/2012/12/26/steampunk-wrist-keyboard-in-a.html

Selbst als Steampunk kann man Kurznachrichten neuerdings stilecht übermitteln: Der Etsy-Verkäufer Brute Force Studios hat im für diese Science-Fiction-Subkultur typischen Stil, der Look und Materialien aus dem viktorianischen Zeitalter mit modernster Technik kombiniert, ein telegrafisches Armband gebaut. Die am Handgelenk montierte Tastatur schickt per Bluetooth Daten an ein Mobiltelefon, auf dem in Echtzeit Buchstabe für Buchstabe der Text erscheint, der auf dem Keyboard eingetippt wird. In Zukunft werden retrofuturistische Rollenspiele sich also noch besser anfühlen.

W.I.R.E.

—

Einblick in den Think Tank

W.I.R.E.

THINK TANK FÜR WIRTSCHAFT, GESELLSCHAFT & LIFE SCIENCES

W.I.R.E. ist ein unabhängiger Schweizer Think Tank, der sich mit globalen Entwicklungen in Wirtschaft, Gesellschaft und den Life Sciences beschäftigt. Ziele sind die kritische Auseinandersetzung mit etablierten Sichtweisen, das Schaffen von Transparenz über aktuelle Trends sowie die Erarbeitung neuer Konzepte und Ideen für die Zukunft.

DENKEN AN DEN SCHNITTSTELLEN

Kernkompetenz von W.I.R.E. ist ein interdisziplinärer Denkansatz, der auch bei der Umsetzung von konkreten Projekten Grundlage unserer Arbeit ist. Im Rahmen des Forschungsschwerpunkts Life Sciences beschäftigt sich W.I.R.E. mit mittel- bis langfristigen Trends und neuen Geschäftsmodellen in den Bereichen Gesundheit, Medizin und Pharma. Im Forschungsbereich Wirtschaft & Gesellschaft werden Entwicklungen mit Relevanz für Unternehmen, Politik und Wissenschaft analysiert.

VERSCHMELZUNG VON INHALT UND FORM

Die Ergebnisse der Forschung veröffentlicht W.I.R.E. in Büchern und Studien. Die Buchreihe «Abstrakt – Taschenlabor für Zukunftsfragen» bildet den Kern der Publikationen. Sie beschäftigt sich mit den zentralen Herausforderungen der Zeit. Neben Essays und Gesprächen mit renommierten wie jungen Vor- und Querdenkern präsentiert ein analoger Blog neue Ideen aus den Bereichen Wirtschaft, Demografie, Gesellschaft, Technologie, Politik und Ökologie. Bei allen Veröffentlichungen spielt die Verbindung von Form und Inhalt durch eine eigenständige Gestaltung eine

Schlüsselrolle. Nebst den Publikationen organisiert W.I.R.E. Veranstaltungen mit ungewöhnlichen Formaten. In der Warp Konferenz, einem Speed Dating für Zukunftsfragen, entwickeln Teilnehmer aus den unterschiedlichsten Wissens- und Tätigkeitsbereichen in kurzen Zweiergesprächen neue Ideen für die Welt von morgen. Darüber hinaus experimentiert W.I.R.E. mit diversen Formaten von Ausstellungen bis hin zu Kamingesprächen.

AUSTAUSCH ZWISCHEN WISSENSCHAFT UND PRAXIS

Auf Basis eines interdisziplinären Forschungsverständnisses funktioniert W.I.R.E. als Labor für den Austausch zwischen Wissenschaft und Praxis sowie als Plattform für Netzwerke zwischen Akteuren und Denkern aus verschiedenen Handlungs- und Wissensgebieten. Nebst seiner Trägerschaft durch die Bank Sarasin und das Collegium Helveticum der ETH und Universität Zürich verfügt W.I.R.E. über ein internationales Netzwerk aus Experten, Vordenkern und Entscheidungsträgern.

Bank Sarasin & Cie AG
Nachhaltiges Schweizer Private Banking seit 1841
Als internationaler Finanzdienstleister und führende Schweizer Privatbank betreut Sarasin mit hoher Qualität und Kompetenz private und institutionelle Kunden an mehr als 20 Standorten in der Schweiz, in Europa, im Mittleren Osten und in Asien. Aus ihrer langjährigen Erfahrung setzt Sarasin bewusst auf Nachhaltigkeit als wesentlichen Teil ihrer Unternehmensphilosophie. Sie engagiert sich, unter anderem als Gründungspartner des Think Tanks W.I.R.E., für einen interdisziplinären Dialog zu Fragen der Nachhaltigkeit in Wirtschaft, Gesellschaft und Umwelt. www.sarasin.ch

Collegium Helveticum
Laboratorium für Transdisziplinarität
Das gemeinsam von Universität Zürich und ETH Zürich getragene Collegium Helveticum schafft als Laboratorium für Transdisziplinarität den Rahmen für die Erarbeitung neuer Perspektiven in projektgebundenen Prozessen disziplinären Austauschs. Durch die transdisziplinäre Entwicklung von Konzepten und Verfahren wird in der Untersuchung komplexer Fragestellungen über disziplinär etabliertes Wissen hinausgegangen. W.I.R.E. stellt für das Collegium Helveticum das Standbein in Wirtschaft und Gesellschaft dar – mit demselben Anspruch und Fokus, aber ausserhalb des eigentlichen Wissenschaftsbetriebs. www.collegium.ethz.ch

PARTNER
MEDIEN & VERLAGE

PARTNER
POLITIK

PARTNER
NGOs & THINK TANKS

BANK
SARASIN

W
I

WIRTSCHAFT

LIF

PUBLIKATIONEN

MIND THE FUTURE
KOMPENDIUM FÜR GEGENWARTSTRENDS

DOMINO
HANDBUCH FÜR EINE NACHHALTIGE WELT

ABSTRAKT
TASCHENLABOR FÜR ZUKUNFTSFRAGEN

DIE DEMOKRATISISIERUNG DER GESUNDHEIT

FORSCHUNG

BEYOND BANKING
FORSCHUNGSPROJEKT ZUM FINANZMARKT VON ÜBERMORGEN

OFFENE INNOVATION IN DER PHARMAFORSCHUNG

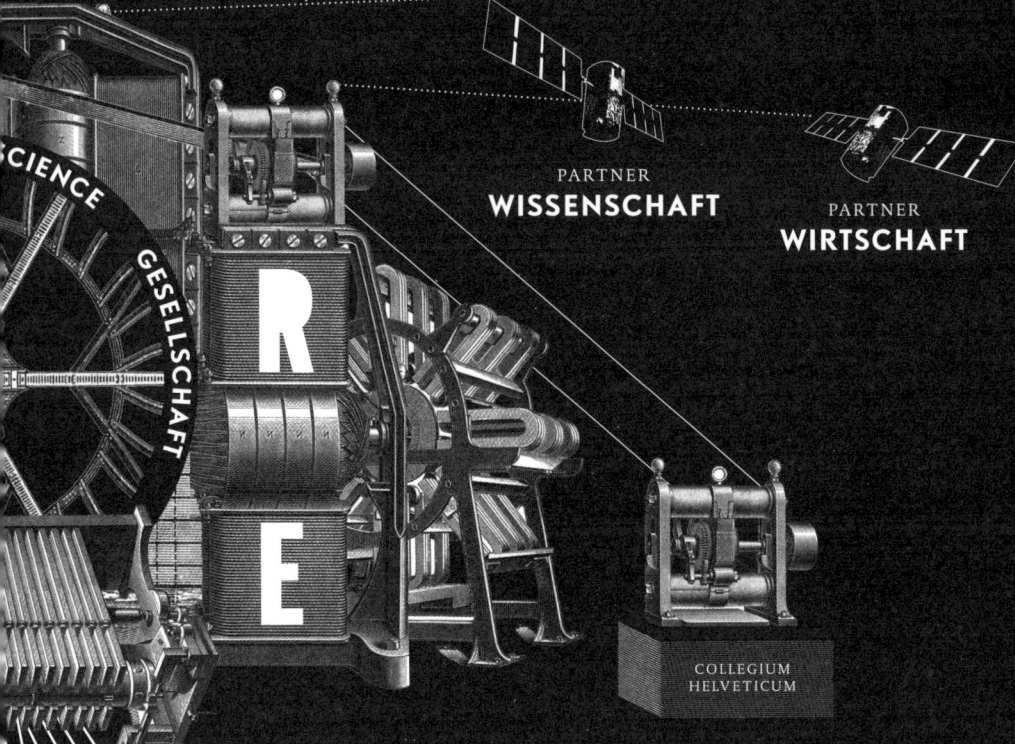

PARTNER
WISSENSCHAFT

PARTNER
WIRTSCHAFT

SCIENCE

GESELLSCHAFT

COLLEGIUM
HELVETICUM

VERANSTALTUNGEN

MIND THE FUTURE
GALA FÜR GEGENWARTSTRENDS

WARP KONFERENZ
SPEED DATING FÜR ZUKUNFTSFRAGEN

WORKSHOPS

REFERATE

STRATEGIEENTWICKLUNG

HEALTHLAB
EXPERTENRUNDE FÜR DIE ZUKUNFT DES SCHWEIZER GESUNDHEITSSYSTEMS

ARBEITSGRUPPE ZUR ZUKUNFT DER AUGENHEILKUNDE

ABSTRAKT N°9 – 2012
DIE GROSSE GEMEINSCHAFT – *Gedanken zur Solidarität von morgen*
Mit Beiträgen von Pascal Couchepin, ehemaliger Schweizer Bundesrat, Obamaberater Parag Khanna,
Crowdfunder Romano Strebel und Philosophin Barbara Bleisch

ABSTRAKT N°8 – 2012
MACHEN IST MACHT – *Zum Aufstieg der Do-it-yourself-Kultur*
Mit Beiträgen von Soziologe Richard Sennett, den Technologiepionieren von Technology Will Save Us,
Musiker und Dichter PeterLicht, dem Öko-Abenteurer David de Rothschild u. a.

ABSTRAKT N°7 – 2012
ABWEHR – *Überlebensstrategien im 21. Jahrhundert*
Mit Beiträgen von Psychologieprofessorin Brigitte Boothe, Historiker Philipp Sarasin,
dem Immunologen Johannes Ring, Fussballer Christopher Metzelder u. a.

ABSTRACT N°6 – 2011
WAS BLEIBT – *Eine Hommage an das Beständige*
Mit Beiträgen von Bundesrätin Doris Leuthard, Kurator Hans Ulrich Obrist, Philosophin Katja Gentinetta,
Biopsychologe und Gedächtnisforscher Hans J. Markowitsch, Schriftsteller Heinrich Steinfest u. a.

ABSTRACT N°5 – 2011
GELD IST TOT. LANG LEBE GELD. – *Zum Wandel von Währungen und Werten*
Mit Beiträgen von Soziologin Eva Illouz, Nic Marks, dem Entwickler des «Happy Planet Index»,
Technologiejournalist Duncan Jefferies, Ökonom Mathias Binswanger u. a.

ABSTRACT N°4 – 2011
LAND IN SICHT – *Zur Zukunft des Ruralen*
Mit Beiträgen von Architekt Mike Guyer, Comiczeichner Matthias Gnehm,
Biomimetiker Michael Pawlyn u. a.

ABSTRACT N°3 – 2010
PHANTOM FREIHEIT – *Auf den Spuren eines Ideals*
Mit Beiträgen von Musiker David Meads alias Scroobius Pip, Philosoph Karim Bschir,
Georg Krayer, ehem. Präsident der Schweizerischen Bankiersvereinigung u. a.

ABSTRACT N°2 – 2010
DAS ENDE DES WISSENS – *Eine Gebrauchsanleitung für das 21. Jahrhundert*
Mit Beiträgen von Medienkünstler John Maeda, Soziologe Ueli Mäder,
Starökonom Richard Florida u. a.

ABSTRACT N°1 – 2010
PIRATEN – *Zur modernen Freibeuterei*
Mit Beiträgen von Bestsellerautor Matt Mason, Sinologe Harro von Senger, Burkhard Varnholt,
CIO der Bank Sarasin & Cie, Gerd Folkers, Leiter des Collegium Helveticum von Universität und ETH Zürich u. a.

DOMINO – *Handbuch für eine nachhaltige Welt*
Von Christopher Blaufelder, Stephan Sigrist, Burkhard Varnholt und Gerd Folkers
Verlag Neue Zürcher Zeitung und Frankfurter Allgemeine Buch, 2010
Indem wir unsere täglichen Bedürfnisse stillen, stossen wir zahllose Dominosteine an – und setzen dadurch
manchmal weltumspannende Kaskaden in Bewegung. Anhand 210 konkreter Massnahmen erklärt DOMINO,
wie Bürger, Staat und Unternehmen gemeinsam den Weg zu einer zukunftsfähigeren Welt einschlagen können.

MIND THE FUTURE – *Kompendium für Gegenwartstrends*
Von Stephan Sigrist, Burkhard Varnholt, Simone Achermann, Michèle Wannaz und Gerd Folkers
Verlag Neue Zürcher Zeitung und Gestalten Verlag, 2012
Das Kompendium MIND THE FUTURE fasst die wichtigsten Entwicklungen in den Bereichen Wirtschaft,
Demografie, Gesellschaft, Technologie, Politik und Ökologie in einem Karteikartensystem zusammen. In jedem Bereich
werden zehn relevante Gegenwartstrends festgehalten und ihre möglichen zukünftigen Entwicklungen analysiert.

RÜCKBLICK

—

Unsere Veranstaltungen

WARP KONFERENZ – SPEED DATING THE FUTURE

CHANGE COURSE

In Kooperation mit dem Club of Rome
8. Dezember 2012 im Theater Winterthur

—

LIFT CONFERENCE

In Kooperation mit der Lift 13 Konferenz
7. Februar 2013 im Centre International de Conférences Genève, Genf

—

PIONEERS OF SUSTAINABILITY

In Kooperation mit ETH Sustainability
28. Februar 2013 im Collegium Helveticum, Zürich

WARP KONFERENZ – SPEED DATING THE FUTURE

CHANGE COURSE

—

In Kooperation mit dem Club of Rome
8. Dezember 2012 im Theater Winterthur

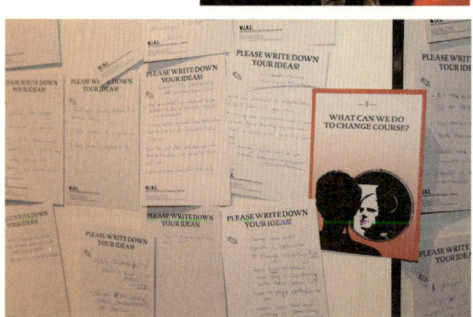

Fotos: Thomas Hirt und W.I.R.E.

Wir alle kennen die Herausforderungen der Gegenwart und Zukunft. Trotzdem handeln wir viel zu langsam – oder gar nicht. Klimakonferenzen verlaufen Jahr für Jahr in Nullsummenspielen, politische Reformen jeglicher Art werden in den langsamen Mühlen der Demokratie zermalmt. Doch was können Politiker tun, um den Lauf der Welt zu verändern? Wie kann die Wirtschaft das Ruder herumreissen? Was können wir selbst unternehmen, um eine Trendwende einzuleiten? Oder wer müsste man sein, um wirklich eine Veränderung zu bewirken – Barack Obama, Bill Gates, Lady Gaga oder vielleicht jemand anderes?

Diese Fragen wurden von rund 70 Bloggern und Aktivisten aus aller Welt anlässlich des 40-Jahr-Jubiläums des Standardwerks «Die Grenzen des Wachstums» diskutiert. Eine Auswahl der Resultate dieser Warp Conference in Zusammenarbeit mit dem Club of Rome finden Sie auf der nächsten Seite.

WER KANN WAS UNTERNEHMEN, UM DEN LAUF DER WELT ZU VERÄNDERN?

POLITIK:

DIE DEMOGRAFISCHE ZUSAM-
MENSETZUNG DER REGIERUNG
UND JENE DER GESELLSCHAFT
STIMMEN NICHT ÜBEREIN. MEHR
FRAUEN UND JUNGE LEUTE INS
PARLAMENT.

WIRTSCHAFT:

BEWERTUNG VON UNTER-
NEHMEN IN EINER GLOBA-
LEN RANGLISTE NACH DEREN
NACHHALTIGKEIT UND
ETHISCHER FÜHRUNGSWEISE.

POLITIK:

ERSETZT LOBBYISTEN DURCH
NEUTRALE BERATER MIT
NATUR- ODER GESELLSCHAFTS-
WISSENSCHAFTLICHEM HINTER-
GRUND!

WIRTSCHAFT:

DIE ABFALLBEWIRTSCHAFTUNG WIRD
ZUR KUNSTFORM ERHOBEN. DURCH
PRODUKTIONSANLAGEN KÖNNTE
ABFALL ZU KREATIVEN KUNSTSTÜCKEN
VERARBEITET WERDEN, DIE DANN
VERKAUFT WERDEN.

POLITIK:

POLITIKER SOLLTEN EINMAL
JÄHRLICH EIN PRAKTIKUM ALS
TAXIFAHRER ABSOLVIEREN, UM
DIE PROBLEME DER GESELL-
SCHAFT VERSTEHEN ZU LERNEN.

WIRTSCHAFT:

EINFÜHREN EINES DEPOTS AUF ELEK-
TRONISCHE GERÄTE. DIESES WIRD
NUR ZURÜCKERSTATTET, FALLS DAS
GERÄT WIRKLICH KAPUTT IST –
UM DER VERSCHWENDUNG FUNK-
TIONALER GERÄTE VORZUBEUGEN.

WIRTSCHAFT:

ABSCHAFFUNG VON WERBUNG
FÜR KONSUMMITTEL ZUR UN-
TERBINDUNG VON UNNÖTIGEM
UND ÜBERSCHWÄNGLICHEM
VERBRAUCH.

WIR:

PFLANZT BÄUME! WENN JEDE
PERSON AUF DIESER ERDE EINEN
BAUM PFLANZT, GIBT DAS SIEBEN
MILLIARDEN NEUER BÄUME,
UM DEM CO_2-AUSSTOSS ENT-
GEGENZUWIRKEN.

WIR:

LOHA-MAN! WIR SOLLTEN HOLLY-
WOODFILME PRODUZIEREN,
IN DENEN DIE SUPERHELDEN
EINEN NACHHALTIGEN LEBENSSTIL
FÜHREN. UMWELTFREUNDLICHES
LEBEN ALS STATUSSYMBOL.

WIR:

EINFÜHREN VON NACHHAL-
TIGKEIT ALS SCHULFACH.
PRIMARSCHÜLER KÖNNTEN ZUM
BEISPIEL DEN ÖKOLOGISCHEN
FUSSABDRUCK IHRER ELTERN
BERECHNEN.

EINE PERSON MIT MUTTER TERESAS LIEBE, DALAI LAMAS EHRLICHKEIT, BUDDHAS PHILOSOPHIE, BOB MARLEYS EINSTELLUNG, ALBERT EINSTEINS WISSEN UND NELSON MANDELAS FÜHRUNGSQUALITÄT.

MR. SMITH VON «THE MATRIX»; MAN KLONT SICH SELBST UND HAT SO MEHR ZEIT, UM ALLES ZU ERLEDIGEN.

EINE MISCHUNG AUS LADY GAGA, UM AUFMERKSAMKEIT ZU ERREGEN SOWIE WERT-SCHÄTZUNGEN NEU ZU DEFINIEREN, UND BARACK OBAMA, UM NEUE GESETZE UND VORSCHRIFTEN EINFÜHREN ZU KÖNNEN.

GOTT

WARP KONFERENZ – SPEED DATING THE FUTURE

LIFT
CONFERENCE

—

In Kooperation mit der Lift 13 Konferenz
7. Februar 2013 im Centre International de Conférences Genève, Genf

Was bleibt gleich, was verändert sich in den nächsten 30 Jahren? Wie können wir mit Hilfe digitaler Hilfsmittel die Politik beeinflussen und die Demokratie stärken? Welche Faktoren werden uns in Zukunft helfen, widerstandsfähiger mit Veränderungen umzugehen? Wie können wir das zukünftige Unternehmertum fördern? Was werden wohl die wichtigsten Fähigkeiten sein, die wir im 21. Jahrhundert brauchen? Und in welchen Science-Fiction-Szenarios könnte sich der Mensch der Zukunft möglicherweise wiederfinden?

An der diesjährigen Lift Conference in Genf wurden ebendiese Fragen mit Designern, Hackern sowie Vertretern von Wirtschaft und Politik an einem Speed Dating diskutiert und Ideen für die Zukunft formuliert.

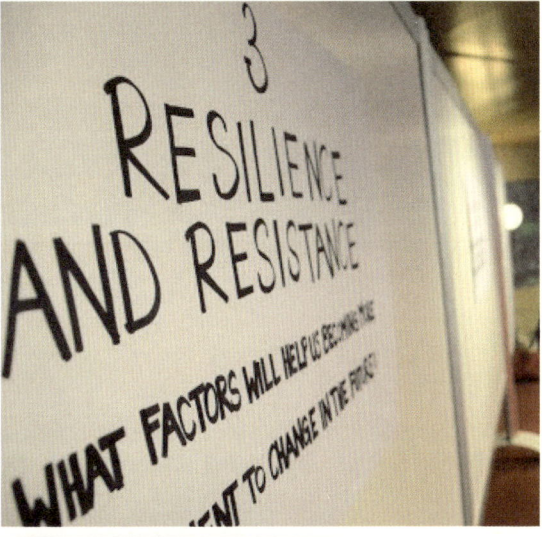

Fotos: Ivo Näpflin

WAS VERÄNDERT SICH IN ZUKUNFT, WAS BLEIBT GLEICH?	WIE KÖNNEN WIR DIE DEMOKRATIE STÄRKEN?	WAS MACHT UNS WIDERSTANDSFÄHIGER?
DAS MACHTVERHÄLTNIS ZWISCHEN MANN UND FRAU WIRD SICH UMKEHREN.	INDEM TRAKTANDEN GEWÄHLT WERDEN, DIE DEM VOLK WIRKLICH WICHTIG SIND. DIE DISKUSSIONSTHEMEN IN SOZIALEN MEDIEN SOLLEN ALS INDIKATOREN DIENEN.	EINEN STABILEN FREUNDES-KREIS HABEN – UND NICHT NUR IM INTERNET!
BETONSTRASSEN WERDEN SICH IN GRÜNE FELDER VER-WANDELN.	KOMPLEXE THEMEN MÜSSEN FÜR ALLE BÜRGER VERSTÄNDLICH DARGESTELLT WERDEN.	EIN ZUHAUSE HABEN, IN DAS MAN SICH ZURÜCK-ZIEHEN KANN.
NATIONALE GRENZEN WERDEN SICH AUFLÖSEN.	INFORMATIONEN SOLLEN FREI ZUGÄNGLICH SEIN!	VORAUSSCHAUENDES DENKEN UND EIN SCHNEL-LER FEEDBACKMECHA-NISMUS HELFEN DABEI, SCHNELL AUF SITUATIONEN ZU REAGIEREN.
WAS MACHT VERLEIHT, BLEIBT: KAPITAL UND IDEEN.	AUFBAU EINER NEUEN MEDIENSTRUKTUR MIT ALTERNATIVEN IN-FORMATIONEN UND GEMEINSCHAFTLICHEM ENTHÜLLUNGSJOUR-NALISMUS.	NICHT NUR LERNEN, WIE MAN EINE FRAGE BEANT-WORTET, SONDERN AUCH, WIE MAN ETWAS HERSTELLT.
DER MENSCH UND SEINE GRUNDBEDÜRFNISSE BLEIBEN GLEICH.	SOZIALE MEDIEN ALS DIALOGEBENE ZWISCHEN VOLK UND REGIERUNG.	TECHNOLOGIEN SOLLTEN NICHT NUR FÜR DAS GEBRAUCHT WERDEN, WOFÜR SIE HERGESTELLT WURDEN, SONDERN DAZU, WOZU MAN SIE GEBRAUCHEN KANN.
LIEBE BLEIBT.	IDEEN AUF DEN GRUND GEHEN, WENN SIE NOCH KLEIN SIND – VIELE KLEINE IDEEN SIND VIELLEICHT MEHR WERT ALS EINE EINZELNE GROSSE!	WIR MÜSSEN UNSERE MENSCHLICHEN WERTE WIEDER FINDEN.

WIE KÖNNEN WIR DAS UNTERNEHMERTUM FÖRDERN?

WELCHE FÄHIGKEITEN BRAUCHEN WIR FÜR DAS 21. JAHRHUNDERT?

SCIENCE-FICTION-SZENARIOS

MEHR KINDERKRIPPEN!

PROGRAMMIEREN IST DAS NEUE LATEIN.

BEVÖLKERUNG DES OZEANS!

PATENTIERTE IDEEN, DIE VOM ERFINDER NICHT WIRKSAM EINGESETZT WERDEN, KÖNNEN FREI VERWENDET WERDEN.

MIT WENIGER AUSKOMMEN KÖNNEN.

DAS ULTIMATIVE SOZIALE NETZWERK: ALLE MENSCHEN WELTWEIT SIND VERBUNDEN.

UNTERNEHMERTUM FEIERN – VOM KINDER-GARTEN BIS INS GRAB.

MULTITASKING.

ZWISCHENMENSCHLICHE KOMMUNIKATION OHNE HILFSMITTEL ÜBER GROSSE DISTANZEN.

DIE SCHÖNHEIT DES SCHEITERNS IN DER SCHULE LERNEN.

ZWISCHEN VERSCHIEDENEN KULTUREN LEBEN KÖNNEN.

EINEN NEUEN PLANETEN 3D-DRUCKEN.

WIR BRAUCHEN MEHR EINWANDERUNG VON GUT GEBILDETEN MENSCHEN.

MIT SCHEITERN UMGEHEN KÖNNEN.

TELEPORTATION: «BEAM ME UP, SCOTTY!»

UNTERNEHMEN STELLEN IHRE INFRASTRUKTUR DEN MITARBEITERN FÜR EIGENE PROJEKTE ZUR VERFÜGUNG. BEI ERFOLG PROFITIEREN BEIDE SEITEN.

GENERALISTENTUM.

UNSTERBLICHE GEHIRNE VEREINEN SICH ZUM SUPERHIRN.

WARP KONFERENZ – SPEED DATING THE FUTURE

PIONEERS OF SUSTAINABILITY

—

In Kooperation mit ETH Sustainability
28. Februar 2013 im Collegium Helveticum, Zürich

Foto: Omar Kassab

Die Warp Conference, die in Zusammenarbeit mit ETH Sustainability, der Koordinationsstelle für Nachhaltigkeit der ETH Zürich, durchgeführt wurde, hatte zum Ziel, Studenten in Kontakt mit Unternehmern aus dem Nachhaltigkeitsbereich zu bringen – und umgekehrt.

Als Pionier der Nachhaltigkeit eröffnete Mathis Wackernagel, Mitbegründer des «Global Footprint Network», die Veranstaltung, indem er seine Visionen mit den Gästen teilte. Beim anschliessenden Speed Dating wurden folgende Fragen diskutiert: Wie würden Sie als Schweizer Bundesrat/ Bundesrätin das Problem der Biokapazität angehen? Wie würden Sie Ihre Lösungsansätze dem Bundesrat vorlegen? Was war Ihr bisher grösster Erfolg beim Bewirken einer Veränderung? Welche Faktoren haben Ihnen dabei geholfen? Und wie sollte Ihre Universität Sie auf Ihrem Weg zum «Change Agent» unterstützen?

AUSGEWÄHLTE ERGEBNISSE DES SPEED DATINGS

IDEEN FÜR DEN BUNDESRAT

MEIN PERSÖNLICHES ERFOLGSREZEPT

JEDER PERSON WIRD PRO JAHR EINE BESTIMMTE MENGE AN RESSOURCEN ZUR VERFÜGUNG GESTELLT. SO WIRD EIN ÜBERMÄSSIGER KONSUM VERHINDERT.

HIERARCHIEN ABBAUEN!

DAS TUN, WAS MAN AM BESTEN KANN, UND ALLE MÖGLICHKEITEN NUTZEN, DIE EINEM ZUR VERFÜGUNG STEHEN.

AUTOS SOLLEN ABGESCHAFFT, PFERDE WIEDER EINGEFÜHRT WERDEN!

EINE OBLIGATORISCHE DURCHMISCHUNG DER STUDIENGÄNGE, UM INTERDISZIPLINARITÄT ZU FÖRDERN.

NIE AUFHÖREN, FRAGEN ZU STELLEN!

DER ÖKOLOGISCHE FUSSABDRUCK ALS STEUERGRUNDLAGE KOMBINIERT MIT STEUERN FÜR NICHT RECYCELTE PRODUKTE.

NEUGIER WECKEN: EIN PFLICHTJAHR MIT BETEILIGUNG AN EINER FALLSTUDIE AUSSERHALB DER UNIVERSITÄT FÜR ALLE STUDENTEN, ZUM BEISPIEL DURCH MITWIRKEN AN EINEM THINK-TANK-PROJEKT.

GEDULD

KONTAKT
sia@thewire.ch

REDAKTION
Simone Achermann
Redaktionsleitung

Michèle Wannaz
Redaktorin

Dr. Stephan Sigrist
Leiter W.I.R.E.

Dr. Burkhard Varnholt
CIO Bank Sarasin & Cie AG

Prof. Dr. Gerd Folkers
Direktor Collegium Helveticum

REDAKTIONELLE MITARBEIT
Kristiani Lesmono, Barbara Brandmaier,
Cécile Acevedo, Melanie Biedermann

GESTALTUNG
Kristina Milkovic
Grafikleitung W.I.R.E.

Leann Octavia von Gunten
Grafikdesignerin W.I.R.E.

Chris Scarborough, www.chrisscarborough.com
Bildstrecke

ÜBERSETZUNG
Helen E. Robertson

LEKTORAT UND DRUCK
Neidhart + Schön AG

PARTNER
Verlag Neue Zürcher Zeitung

© N°10 2013 W.I.R.E.

ISBN 9783-033-03972-8